近代中外关系系列

中德关系史话

A Brief History of
Sino-German Relations

杜继东 / 著

社会科学文献出版社
SOCIAL SCIENCES ACADEMIC PRESS (CHINA)

图书在版编目（CIP）数据

中德关系史话/杜继东著. —北京：社会科学文献出
版社，2011.5（2012.8 重印）
（中国史话）
ISBN 978 - 7 - 5097 - 1702 - 8

Ⅰ.①中… Ⅱ.①杜… Ⅲ.①中德关系 - 国际关系
史 Ⅳ.①D829.516

中国版本图书馆 CIP 数据核字（2011）第 075993 号

"十二五"国家重点出版规划项目

中国史话·近代中外关系系列

中德关系史话

著　者／杜继东

出 版 人／谢寿光
出 版 者／社会科学文献出版社
地　　址／北京市西城区北三环中路甲 29 号院 3 号楼华龙大厦
邮政编码／100029

责任部门／人文科学图书事业部（010）59367215
电子信箱／renwen@ssap.cn
责任编辑／张晓莉　李淑慧
责任校对／谢　华
责任印制／岳　阳
总 经 销／社会科学文献出版社发行部
　　　　　（010）59367081　59367089
读者服务／读者服务中心（010）59367028

印　　装／北京画中画印刷有限公司
开　　本／889mm×1194mm　1/32　印张／5.5
版　　次／2011 年 5 月第 1 版　　字数／99 千字
印　　次／2012 年 8 月第 2 次印刷
书　　号／ISBN 978 - 7 - 5097 - 1702 - 8
定　　价／15.00 元

总　序

　　中国是一个有着悠久文化历史的古老国度，从传说中的三皇五帝到中华人民共和国的建立，生活在这片土地上的人们从来都没有停止过探寻、创造的脚步。长沙马王堆出土的轻若烟雾、薄如蝉翼的素纱衣向世人昭示着古人在丝绸纺织、制作方面所达到的高度；敦煌莫高窟近五百个洞窟中的两千多尊彩塑雕像和大量的彩绘壁画又向世人显示了古人在雕塑和绘画方面所取得的成绩；还有青铜器、唐三彩、园林建筑、宫殿建筑，以及书法、诗歌、茶道、中医等物质与非物质文化遗产，它们无不向世人展示了中华五千年文化的灿烂与辉煌，展示了中国这一古老国度的魅力与绚烂。这是一份宝贵的遗产，值得我们每一位炎黄子孙珍视。

　　历史不会永远眷顾任何一个民族或一个国家，当世界进入近代之时，曾经一千多年雄踞世界发展高峰的古老中国，从巅峰跌落。1840 年鸦片战争的炮声打破了清帝国"天朝上国"的迷梦，从此中国沦为被列强宰割的羔羊。一个个不平等条约的签订，不仅使中国大量的白银外流，更使中国的领土一步步被列强侵占，国库亏空，民不聊生。东方古国曾经拥有的辉煌，也随着西方列强坚船利炮的轰击而烟消云散，中国一步步堕入了半殖民地的深渊。不甘屈服的中国人民也由此开始了救国救民、富国图强的抗争之路。从洋务运动到维新变法，从太平天国到辛亥革命，从五四运动到中国共产党领导的新民主主义革命，中国人民屡败屡战，终于认识到了"只有社会主义才能救中国，只有社会主义才能发展中国"这一道理。中国共产党领导中国人民推倒三座大山，建立了新中国，从此饱受屈辱与蹂躏的中国人民站起来了。古老的中国焕发出新的生机与活力，摆脱了任人宰割与欺侮的历史，屹立于世界民族之林。每一位中华儿女应当了解中华民族数千年的文明史，也应当牢记鸦片战争以来一百多年民族屈辱的历史。

当我们步入全球化大潮的 21 世纪，信息技术革命迅猛发展，地区之间的交流壁垒被互联网之类的新兴交流工具所打破，世界的多元性展示在世人面前。世界上任何一个区域都不可避免地存在着两种以上文化的交汇与碰撞，但不可否认的是，近些年来，随着市场经济的大潮，西方文化扑面而来，有些人唯西方为时尚，把民族的传统丢在一边。大批年轻人甚至比西方人还热衷于圣诞节、情人节与洋快餐，对我国各民族的重大节日以及中国历史的基本知识却茫然无知，这是中华民族实现复兴大业中的重大忧患。

中国之所以为中国，中华民族之所以历数千年而不分离，根基就在于五千年来一脉相传的中华文明。如果丢弃了千百年来一脉相承的文化，任凭外来文化随意浸染，很难设想13亿中国人到哪里去寻找民族向心力和凝聚力。在推进社会主义现代化、实现民族复兴的伟大事业中，大力弘扬优秀的中华民族文化和民族精神，弘扬中华文化的爱国主义传统和民族自尊意识，在建设中国特色社会主义的进程中，构建具有中国特色的文化价值体系，光大中华民族的优秀传统文化是一件任重而道远的事业。

当前，我国进入了经济体制深刻变革、社会结构深刻变动、利益格局深刻调整、思想观念深刻变化的新的历史时期。面对新的历史任务和来自各方的新挑战，全党和全国人民都需要学习和把握社会主义核心价值体系，进一步形成全社会共同的理想信念和道德规范，打牢全党全国各族人民团结奋斗的思想道德基础，形成全民族奋发向上的精神力量，这是我们建设社会主义和谐社会的思想保证。中国社会科学院作为国家社会科学研究的机构，有责任为此作出贡献。我们在编写出版《中华文明史话》与《百年中国史话》的基础上，组织院内外各研究领域的专家，融合近年来的最新研究，编辑出版大型历史知识系列丛书——《中国史话》，其目的就在于为广大人民群众尤其是青少年提供一套较为完整、准确地介绍中国历史和传统文化的普及类系列丛书，从而使生活在信息时代的人们尤其是青少年能够了解自己祖先的历史，在东西南北文化的交流中由知己到知彼，善于取人之长补己之短，在中国与世界各国愈来愈深的文化交融中，保持自己的本色与特色，将中华民族自强不息、厚德载物的精神永远发扬下去。

《中国史话》系列丛书首批计 200 种，每种 10 万字左右，主要从政治、经济、文化、军事、哲学、艺术、科技、饮食、服饰、交通、建筑等各个方面介绍了从古至今数千年来中华文明发展和变迁的历史。这些历史不仅展现了中华五千年文化的辉煌，展现了先民的智慧与创造精神，而且展现了中国人民的不屈与抗争精神。我们衷心地希望这套普及历史知识的丛书对广大人民群众进一步了解中华民族的优秀文化传统，增强民族自尊心和自豪感发挥应有的作用，鼓舞广大人民群众特别是新一代的劳动者和建设者在建设中国特色社会主义的道路上不断阔步前进，为我们祖国美好的未来贡献更大的力量。

陈奎元

2011 年 4 月

中德关系史话

4

⊙杜继东

作者小传

　　杜继东，又名杜承骏，历史学博士，中国社会科学院近代史研究所副编审，曾任《近代史研究》编辑部主任，现任近代史研究所科研处处长，多年致力于近代中外关系史和台湾史的研究，译有柯文著《历史三调：作为事件、经历和神话的义和团》、费正清编《中国的世界秩序——传统中国的对外关系》等论著多部，发表论文十余篇。

目 录

一　早期交往

思想文化的交流

中国是东方大国，德国是欧洲强国，虽然两国远隔千山万水，但两个民族很早就有了交往。

就迄今发现的文献记载来看，中华民族和德意志民族最早的一次接触发生在元代。1235 年，元太宗窝阔台命大将拔都远征欧洲，大军曾侵入捏米斯（即德意志），并击败了德意志各邦的联合抵抗。后来，欧洲屡有"黄祸论"，即与拔都的这次远征有关。

然而，蒙古铁骑的远征并未使德意志人对中国和中国文化产生深刻印象。他们是通过意大利旅行家马可·波罗的《东方旅行记》才对中国有所了解的。明末清初，在华传教士所写的有关中国的著述使德国人进一步认识了中国。1589 年和 1617 年分别出版了《支那王国述新》和《耶稣会在华开教史》的德文版，1677 年，德国耶稣会士基尔歇尔（Kielchel）用拉丁文出版了《中国图志》，被誉为"17 世纪的中国百科全书"。另外，从 17 世纪开始，中国的儒家经典如

《大学》、《中庸》、《论语》、《孟子》等，被来华传教士译成拉丁文后传入德国，在德国的思想文化界产生了较大影响。17世纪德国著名哲学家莱布尼茨（Leibniz）对中国的思想文化有较深入的研究。他在《来自中国的最新消息》（1697年出版）一书中十分推崇中国，认为中国和欧洲是人类文明发展的两个高峰，只要两者结合起来，就可达到最完美的和谐，实现世界的大同。

在莱布尼茨的影响下，德国思想文化界产生了研究中国的热潮，出现了许多赞赏中国的文艺作品。被尊为"魏玛的孔夫子"的著名诗人歌德（Goethe）就很推重中国文化，他的组诗《中德四季晨昏杂咏》就集中反映了中国古典文学对他的启迪、中国思想文化对他的影响。

中国的瓷器和园林艺术也深受德国人的青睐。德国各邦王室和权贵都以拥有中国的瓷器为自豪，中国的园林建筑也成为某些邦国宫廷建筑的重要组成部分。

在中国文化西传的同时，来华的德国传教士也把基督教教义及天文历算等西方近代科学文化知识介绍到了中国。

明末清初，欧洲传教士在中国的传教活动十分活跃，且受到当时官府的支持。他们在传播教义、发展教徒的同时，带来了许多近代科学知识，德国传教士汤若望（Schall von Bell）即是其中的一员。汤若望于1591年5月1日生于德国科伦。他在罗马神学院学习期间，通过阅读意大利传教士利玛窦（Matthieu Ricci）介绍中国情况的著作，对中国产生了浓厚兴趣，决心来华传教。1623 年，他抵达北京，介绍了欧洲的天文历算知识，引起当时中国学术界及崇祯皇帝的重视。1630～1635 年间，他与徐光启等中国科学家一道修撰了一套用欧洲新科学方法编成的天文和数学百科全书，定名为《崇祯历书》。他还制作了浑天仪、圆规、望远镜、小号天体仪等天文仪器。1644 年明朝灭亡后，他被清朝政府任命为钦天监监正，他为下一年编制的民用历书被命名为《时宪历》，该历法自 1645 年颁行，一直施行到 1911 年清朝灭亡，在我国天文学史上开创了一个新时期。他负责编译的《古今交食考》、《浑天仪说》、《新法算术》和《几何要法》等书，有力地促进了欧洲科学知识在中国的传播和发展。

贸易往来

在进行思想文化交流的同时，两国间也开始了贸易往来。在 16 世纪和 17 世纪之交，德国南部奥格斯堡的福格尔和威尔赛尔商行，就由其驻印度代表柯隆（Kron）主持同澳门之间的贸易。1714 年，德国设立俄德斯顿会社，其船舶曾远航中国。1752～1757 年间，普鲁士国王腓特烈二世（Friedrich Ⅱ）特准设立的"普鲁士王家艾姆敦对华亚洲贸易公司"的船只曾来广州进行过十多次贸易。1787 年，广州出现了普鲁士国王委托的第一任领事——英国人丹尼尔·皮尔（Daniel

Peal）。除海路外，普鲁士和萨克森的商人还经由俄国与中国北部地区进行陆路贸易。至 18 世纪 70 年代中期，每年约有 3 万匹德国布不经纳税由陆路运至中国。1820 年，俄国开始对外国货物课以高额过境税，迫使德国商人完全放弃了陆路贸易。

此后，德国布商又与普鲁士王家海外贸易局合作，共同经营出口布匹至广州的贸易。1828 年，德国货轮"路易莎公主"号抵达广州港。在以后的几年中，这艘货轮在海路贸易方面扮演了重要角色。

❸ 传教士郭实腊

由于清朝自雍正以后实行禁教及闭关政策，禁止传教士在中国传教，只开放广州一个口岸与外国人贸易，外国人在内地的活动受到严格限制。然而，德国传教士郭实腊（Karl A. Gutzlaff）却不顾禁令，在中国进行了考察活动。

郭实腊于 1803 年生于普鲁士东部小镇普立兹，少时向往海外游历，曾苦学了不少航海知识。在鹿特丹神学院毕业后，他浮海东渡，在爪哇和曼谷等地学习中国语言和文化。1831 年，他改用中国姓名，穿上中国服装，冒充中国人，携带航海图和测绘仪器，乘中国货船对海南岛、厦门、台湾、定海、宁波、上海和天津等地作了考察。他沿路记录航海路线和港口水域情况，并利用向群众散发宗教书籍和治病的机会，了解各地的风俗民情和经济状况。他的考察活动引起了传教士和外国商人的极大兴趣。1835 年，他被聘为英国驻华商务监督律劳卑（Willram J. Napier）的翻译，帮助英商对华倾销鸦片。鸦片战争时期，他充任英国侵略军总司令的翻译，直接参与了侵略战争。他是中德早期交往史上一个极不和谐的音符。

二　建立外交关系

艾林波使团浮海来华

1840 年第一次鸦片战争之后，清政府先后与英、法、美三国签订条约，允许外国商人在广州、福州、厦门、宁波、上海五个口岸进行贸易活动，中国的国门被英国侵略者的坚船利炮打开了。此事引起德国商人的极大兴趣，汉堡商人立即派了 3 艘船来华。有些商人联名上书，认为不应把中国市场完全让给英国人。普鲁士驻伦敦领事甚至要求政府尽快向中国派遣一个外交官。但普鲁士政府不认为原来的商业关系会全盘改观，加上德国处在四分五裂的状态，政治经济条件尚不成熟，故未采取任何行动，而是追随英、法，甘当配角。因此，直到 19 世纪 50 年代末，普鲁士、萨克森和汉堡都只是任命一些商人在中国的几个开放口岸做领事。

第二次鸦片战争之后，英、法、俄、美四国又于 1858 年 6 月分别同清政府签订了《天津条约》，进一步扩大了在华的侵略权益。这对德国各邦尤其普鲁士是一个很大的刺激，工商界人士要求同中国签订通商条约的呼声更为高涨，在华德商也向普鲁士政府请愿，"要求缔结一个条约来保证他们的地位"。正是在这种背景下，普鲁士"新时代"政府决定向东亚派遣远征队。

由于德国境内邦国众多，关卡林立，货币和度量衡均不统一，对工业发展和商业贸易极为不利。早在1834年，德国大邦普鲁士经过艰苦努力，与多数邦国结成"德意志关税同盟"，对内取消关卡，采取自由贸易政策。当1859年普鲁士政府宣布代表关税同盟各邦向东亚派遣远征队时，不但同盟各邦一致拥护，而且不属于同盟的汉萨城市（汉堡、不来梅和吕贝克）以及麦克棱堡—许威林和麦克棱堡—施德勒支两个大公国也表示赞同。

1859年秋，远征队正式成立，其目的是与中国、日本和暹罗签订条约。1860年3月，远征队离开德国，分两路向远东进发。

远征队共有830名成员，由舰队和使节团两部分组成。使节团团长是普鲁士原驻华沙总领事艾林波（Friedrich Eulenburg），成员有秘书、外交官、商人、科学家、摄影师、画家等。他们沿陆路经意大利、苏伊士运河和锡兰（今斯里兰卡），抵达新加坡。舰队由旗舰"阿科那"号、三桅快速战舰"特蒂斯"号、多桅帆船"弗劳恩洛伯"号（此船最小，到日本时遇台风袭击，它与船上41名船员一起葬身海底了）和运输船"易北"号4舰组成。舰队由大西洋绕过好望角，抵达新加坡与艾林波等会合。他们先到日本，与幕府政府订立了条约。

1861 年 3 月 7 日，艾林波一行来到上海。他们到达时正是清朝政府处于困境之时。当时的清政府，内有洪秀全的太平天国起义，外有英法联军的逼勒，处在内外交困之境。1860 年 9 月 22 日，因英法联军逼近北京，咸丰皇帝远避热河，留恭亲王奕䜣等在北京主持大局。奕䜣分别于 10 月 24 日和 25 日与英法订立《北京条约》，答应公使驻京、开放更多口岸等要求。经奕䜣等人建议，清政府于 1861 年 1 月 20 日批准设立总理各国事务衙门，任命崇厚为三口通商大臣，江苏巡抚薛焕兼任南洋通商大臣，办理对外交涉事务，使近代中国的对外政策和外交行政发生了根本性的变化，客观上方便了艾林波的交涉活动。

◎2 天津谈判

早在远征队出发之前，普鲁士政府就通过其驻美国的使臣请求美国政府训令其驻远东领事协助艾林波达成目的。1860 年初，美国驻沪领事将此事知会苏松太道吴煦。吴向当时的五口通商大臣何桂清作了汇报，何让吴复照美国领事，普鲁士一直循各国成例与中国通商，"未便另立条约"，要其"寄信阻止"远征队来华。

艾林波抵上海后，即与随员巴兰德（Maximilian von Brandt）等拜会了薛焕，说明此行的目的是到天津议立条约。薛焕极力劝阻，但艾林波答以系奉国王之命，"不敢擅自更张"，坚持北上谈判。

3 月中旬，艾林波派巴兰德赴天津向崇厚递送照会。崇厚将照会转呈奕䜣等大臣。奕䜣等看过照会，发现对普鲁士的要求难以峻拒，但又怕"各小国纷纷而来，欲求换约驻京，殊属不成事体"，就问计于法国外交官哥士耆（Nichel Kleczkowski）和英国外交官威妥玛（Thomas Wade），"论及万不能允之理"。哥士耆说普鲁士原是大国，与之立约通商，"可令其稽查漏税，严查滋事"。至于公使驻京之事，"必当帮同阻止"。威妥玛也说普鲁士距英国300余里，"颇称大国，不可不与换约"。经他们这么一说，奕䜣等人改变了态度，并向咸丰皇帝奏报了此事。

咸丰皇帝准其所奏，并特派仓场侍郎崇纶帮同崇厚办理此事，但同时特别强调要"阻其驻京"。咸丰对外国公使驻京之事颇为恼火，因为公使驻京以后必然要求觐见皇帝，而觐见皇帝不行跪拜大礼，有损天朝上国的尊严，使皇帝无颜见列祖列宗于九泉。允许英法公使驻京是兵临城下迫不得已的举措，现在"小国"普鲁士也来凑热闹，咸丰君臣当然不能轻易允诺此事。

1861年4月29日，艾林波由上海抵达天津。他在照会中除提出援英法成例一体通商外，还提出公使驻京及再开放台湾的鸡笼（今基隆）和浙江温州为商埠的要求，但遭到严词拒绝。此后，他不再提开放温州和鸡笼，但对公使驻京一事毫不放松。双方都不让步，谈判陷于僵局。在天津帮助崇厚等谈判的哥士耆在公使驻京问题上也改变了态度，提出先与普鲁士立约通商，5年以后再"计议"公使驻京问题的建议。

奕䜣等人获悉这些情况后，稍作让步，提出10年后"再行妥议"公使驻京问题。

谈判陷入僵局后，艾林波擅自派巴兰德等人于6月22日到北京打前站，摆出亲赴北京交涉的架势，向清政府施加压力。对此，奕䜣等人"不胜骇异"，一面命崇纶在天津交涉，一面派兵把守北京各城门，以防艾林波擅自赴京。艾林波见奕䜣等人态度坚决，怕因此决裂，完不成使命，写信让巴兰德等人返回天津，谈判才得以恢复。

经过这次风波，清政府又后退一步，不再坚持10年之说，允许以5年为限，列入条约。达成这一妥协后，签约的障碍完全消除。关于通商条约，是以德方提出的草案为基础进行谈判的，而该草案又以中英、中法《天津条约》为蓝本，是普鲁士政府于1860年初在柏林拟定好的。崇纶曾提出对草案加以修改，但艾林波在实质性问题上拒不让步。谈判中，他曾以战争相威胁，但由于实力不足，内心很虚，经奕䜣等严厉诘责，不得不收回战争论调。威胁不奏效，他又向中方代表指出，普鲁士政府可能支持太平天国运动。太平天国是清政府的"心腹之患"，清政府最怕外国人助以洋枪洋炮与清兵抗衡，为了"大清江山"不落入洪秀全之手，清政府不得不作出让步。这反映了清政府惧外、媚外的心态。

3　签订《通商条约》

1861年8月12日，奕䜣等人把双方议定的条约呈送热河咸丰皇帝。身患重病的咸丰皇帝于8月19日批准该条约后，就于 8 月 22 日 "驾崩" 了。9 月 2 日中午，艾林波代表德意志关税同盟、汉萨城市等共 32 个邦国，与崇纶和崇厚在天津正式签订了中德《通商条约》。条约共 42 款，主要内容有：

（1）允许普鲁士公使进驻北京；

（2）德国在中国享有领事裁判权；

（3）在广州、潮州、厦门、福州、宁波、上海、芝罘、天津、牛庄、镇江、九江、汉口、琼州、台湾、淡水等开放口岸，准许德国人居住、经商、赁屋、买房、租地、建造教堂等，德国船只可自由驶入开放口岸；

（4）德国传教士可在中国自由传教；

（5）德国人可前往中国内地游历；

（6）德国各邦在中国享有片面最惠国待遇，凡中国给予其他国家的实惠，德国可 "一体均沾"。

最后用一专条规定，自《通商条约》批准互换之日起，5 年后方准普鲁士公使 "来京居住"。

双方同时还签订《通商章程善后条约：海关税则》，援引英法等国成例，较详细地规定了德商对华进出口各种货物的纳税、免税、处罚等事项。

另外还有一个《三汉谢城附列条款》，准许汉堡、不来梅、吕贝克三个汉萨城市自派领事前来中国各通商口岸。

双方代表议定一年后互换批准书。

10 月 12 日，艾林波一行离开大沽口前往香港。由于他们成功地签订了条约，所以受到了香港德侨的热情欢迎和款待。在这期间，艾林波等人还访问了广州和澳门。12月，远征队离开香港到曼谷，与暹罗政府签约后扬帆归国。

《通商条约》的签订标志着中德外交关系的正式开始。英法等国以枪炮逼勒取得的领事裁判权、片面最惠国待遇等侵略特权，被德国在谈判桌上轻易获得，缔结了中德两国之间的第一个不平等条约，从一开始就造成了两国关系不平等的格局，奠定了此后几十年间德国恃强凌弱，步步进逼，中国委曲求全，妥协退让的基础。

条约的签订使尚未统一的德国继英、法、美、俄四国之后，成为第5个在中国确立侵略地位的西方国家。此后，葡萄牙、比利时、荷兰、西班牙等国相继与清政府订立不平等条约，使中国的主权进一步丧失，加深了中国半殖民地化的程度。

4 互派使节

中德两国确立外交关系后，先后互派李福斯（Guido von Rehfues，亦译列裴士）和刘锡鸿为首任公使。

李福斯原为普鲁士外交部参事。艾林波归国后被普鲁士政府任命为内务大臣，李福斯得以升迁，成为普鲁士第一任常驻中国的代表，同时受委托代表德国其他各邦的利益。

1862年8月15日，李福斯以"大布国钦命驻扎中国总理通商事务总领事兼理德意志公会钦差大臣"的身份抵达上海，目的在于与中国交换《通商条约》批准书。他首先通过办理通商事务大臣薛焕和江苏巡抚李鸿章照会清政府，要求按上年约定指派官员赴上海办理条约换文事项，清政府即命薛焕全权处理。

李福斯在照会中列举了其他各邦的名称，要求清政府照单另录《通商条约》若干份，且都盖上皇帝御宝。清政府认为这是非分之举，只同意在一份条约批准书上盖用御宝。双方为此往来磋商，换约之事一拖再拖，直至 1863 年 1 月 14 日才在上海进行。清政府最后只在给普鲁士的条约批准书上盖了御宝。谈判期间，李福斯在上海设立了一个普鲁士总领事馆和一个领事法庭。

之后，李福斯前往日本换约。他在日本接到普鲁士政府的指示，如有可能，就于条约中规定的 5 年期满之前，提前进驻北京。所以，他又乘普鲁士军舰"羚羊"号再到上海。他先派武官韦提根斯坦（Wittgenstein）亲王到北京去试探，被总理衙门坚决拒绝。韦提根斯坦在北京的 3 个月中，虽有英国公使卜鲁斯（Frederick W. Bruce）和美国公使蒲安臣（Anson Burlingame）从中斡旋，但最终仍是空手而归。

急不可耐的李福斯决定亲赴北京交涉。1864 年 4 月，他乘"羚羊"号北上。当时，普鲁士和奥地利正联合起来与丹麦作战，所以，船经渤海湾时，李福斯乘机房获了 3 艘丹麦商船。此举给他造成了被动。对欧洲当时通行的国际公法已有研究的总理衙门大臣认为李福斯在中国领海扣留第三国船只侵害了中国主权，并以此为由拒绝他递交国书，还说只有先了结此案，才准他与奕䜣会面。李福斯无奈，只得先放了两艘丹麦商船，才在总理衙门拜见了奕䜣。但因还有一只船未释放，奕䜣仍不承认他的全权公使身份。李福斯转请英、法公使出面调解，仍无结果，只得于1864年6月离开中国，取道俄罗斯返回普鲁士。

1865年，李福斯再度来华，知照清政府扣留丹麦商船案已完全了结，清政府才正式承认了他的公使身份。1865年底，普鲁士公使馆在北京设立。在清朝末年，继李福斯之后任驻华公使的还有巴兰德、绅珂（Freiherr Schenk zu Schweinsberg）、海靖（Edmund Heyking）、克林德（Klemens A. Ketteler）、穆默（Mumm von Schwarzenstein）和雷克司（Arthur Rex）等。

在李福斯驻京前，普鲁士已在上海、天津、广州、汕头、香港、福州、厦门、宁波等口岸设立了领事馆，后来又在琼州、北海、澳门、淡水、台南、汉口、烟台等口岸设立领事馆，把触角伸向中国各地。

由于传统观念的影响和旧外交制度的束缚，中国驻德首任公使的派遣晚了十几年。

第二次鸦片战争后，清政府设立总理衙门并接纳外国公使驻京，从根本上改变了中国的外交体制和对外关系格局。自古以来，中国帝王都以"中央王国"的主宰自居，"普天之下，莫非王土，率土之滨，莫非王臣"的观念在他们的头脑中根深蒂固。清朝建立之后，更有"康乾盛世"之说，周边国家纷纷前来朝拜，即使像荷兰、西班牙等欧洲国家也遣使来朝，难与中国平起平坐。朝廷把与其他国家的关系视为宗主国与藩属国的关系，一切涉外事务均由理藩院处理。两次鸦片战争使这种固有的对外关系格局发生了变化，清廷不但开放沿海和内江许多口岸，而且还不得不痛心地允许外国公使堂而皇之进驻北京。所以咸丰皇帝至死都把这件事视为奇耻大辱。然而，随着时间的推移，随着对世界大势的进一步了解，奕䜣、李鸿章等洋务派认识到，中国也需要走出去了解世界。

1876 年，清廷派思想比较开放的洋务派官员郭嵩焘为驻英国公使，开创了中国向外国派遣公使的先例。1877 年，刘锡鸿被派为中国第一任驻德国公使，中德关系也向前迈进了一步。

刘锡鸿，字云生，广东番禺人。他年轻时在广东参加过抵抗英国侵略的战争，咸丰年间任刑部员外郎。王闿运曾说他"欲为一代名人"，但"不近人情而以为率真"，态度偏激，急于用世。他思想保守，反对洋务派的洋务活动，极力反对仿造外洋船炮、训练新式军队和发展工商业，极力捍卫数千年的圣教，反对向西方学习先进的东西。

郭嵩焘出使英国时，刘锡鸿被守旧派推荐为副使，借以起监督和牵制的作用。由于两个人的观点截然对立，对西方事物的看法迥异，有积不相能之势。

1877 年 4 月 30 日，清廷谕命刘锡鸿担任第一任驻德公使。他于 11 月 13 日离开伦敦赴柏林就职。他在向德皇威廉一世呈递国书时，"礼节疏阔，有夷然不屑之意"，差一点引起外交纠纷。他为换约之事，还试图向德国议院的议员赠送礼物，以图打通关节，于外交程序殊为不合。尽管他在外交上无所建树，但他是中国使德第一人。他在日记中对德国的教堂婚礼、圣诞节日等风俗民情作了详细记述。

1878 年 11 月，刘锡鸿应召回国，继他之后出使德国的先后有李凤苞、许景澄、洪钧、吕海寰、荫昌、杨晟、孙宝崎、梁诚等人（清朝灭亡以前）。

值得一提的是，1876 年春天，直隶总督李鸿章派遣卞长胜等 7 人赴德国"武学院讲习水陆军械技艺"，即学习军事。这是继 1872 年中国派第一批幼童赴美国留学后的又一批官费留学生，是派往德国的首批留学生，在中德关系史上同样具有开创性的意义。

三　德国在华势力的扩张

在海关安插德籍职员

海关是清政府财政收入的重要来源，具有相当重要的地位。英国人抢先一步，把持了海关总税务司等重要职务。李福斯来华前后，普鲁士首相俾斯麦正忙于统一德国的大业，无暇顾及远东，所以训令李福斯在中国与其他国家的公使"携手前进"，尽量采取合作的态度，不要"追求一种与其他列强代表背道而驰的方式"。李福斯既不能采取任何可能触犯其他列强的步骤以扩大德国在华势力，便致力于在中国海关安插德籍职员，不动声色地为德商谋取一些实在的好处。他和担任中国海关总税务司的英国人赫德建立了良好的关系，陆续向海关介绍德籍职员。仅 1869 年春，在他的要求下，赫德即在海关中增加了 10 名德国人。到 1869 年中，共有 14 名德国人任海关高级职员，8 人任低级职员，在外籍海关职员人数上仅次于英国。数月以后，德国方面又派 5 人来华充任海关职务，其中甚至有一名财政部的助理。在以后的岁月当中，德国外交部还一再推荐德国人来中国海关工作，借以扩大德国在中国海关的发言权。

早在 1862 年，德国人威立士（Franz Wilzer）就担任了津海关税务司，跃居海关高级职员行列。此后直至 90 年代，在中国海关任税务司之职的德国人有康发达（F. Kleinwächter）、德璀琳（Gustav Detring）、阿理文（Ernest Ohlmer）、史纳机（J. F. Schoenicke）、夏德（Friedrich Hirth）、穆麟德（Paul Mollendorff）等。其中最有名的是德璀琳。德璀琳于 1864 年进入中国海关，先后任镇江、浙东、粤、津等关的税务司，在华活动长达 30 余年，为德国在华势力的扩张尽力。李鸿章对他颇为赏识，常向他咨询外交方面的问题，并曾聘他为幕僚，让他介入对法、德、日、英等国的外交活动。1895 年中日甲午战争结束之际，德璀琳还曾作为清政府的全权代表赴日本议和，因身份特殊，日本方面不以他为谈判对手，无功而返。

签订《续修条约》

1861 年中德《通商条约》第 41 款规定，从批准换文之日起 10 年以后可进行修改条约的谈判。1871 年，俾斯麦以"铁血政策"东征西讨，完成德国统一大业，对东亚的重视程度有所加强。

1871 年底，德国驻华代办安讷克（W. Annecke）向德国外交部建议修改条约，主要内容是废除内地税、开放更多口岸并把长江航运线上延至宜昌等。他还建议与其他国家联合行动，并由有关各国组成联合舰队在大沽口示威，以便向中国政府施加压力。德国政府就此征询时在柏林的驻华公使李福斯的意见，李认为希望不大，德国政府就把此事搁置起来。

1875年3月14日，原驻日本公使巴兰德接替李福斯任驻华公使。巴兰德出身于普鲁士高级军官家庭，作风鲁莽，态度倨傲、僵硬。他曾在1860年充任艾林波的随员，他的信条是："永不能让亚洲人看出，我们是可以为感情所动的。"他在华任公使的18年间，极力促进德国侵略势力在中国的发展。

在巴兰德任驻华公使之际，德国首相俾斯麦通过驻外使节向英、美、俄等国提出德国的修约方案，请求各国政府采取共同行动迫使中国同意修改。修约方案包含下列各点：增加通商口岸数目；开放长江航线至宜昌；在长江沿线各重要口岸开辟租界；废除厘金；减低煤的出口税或给予外国人开发煤田的特权。其他列强亦有修约之意，纷纷表示支持。

巴兰德就任公使后，即按照德国政府的训令，向清政府提出修约要求，但遭到了拒绝。他认为不宜与英国共同行动，而应单独与中国交涉，并建议，如果中国接受修约方案，德国可在条约中接受限制或禁止鸦片输入的条款作为交换。但俾斯麦认为这样做会侵害英国的利益，引起纠纷，故没有同意。

1875年发生的"阿娜"号事件使巴兰德找到了向清政府施加压力的借口。"阿娜"号货船是一艘在中国沿海从事运输的德国船。德籍船长暴戾无常，经常殴打船上的中国水手，致使原有水手全体离船而去。新雇的水手上船后，船长仍不收敛，动辄对他们施以拳脚。1875年9月，该船在厦门运糖前往天津的途中，不堪忍受虐待的中国水手起而反抗，杀死德籍船长和丹麦籍舵工，将他们的尸体抛入海中，在福州附近将船靠岸，四散逃开。福州地方官府闻讯立即侦办，逮捕了其中的三名水手。

德国报刊借此大肆制造反华舆论，煽动反华情绪。俾斯麦要求列强支持巴兰德向清朝总理衙门交涉惩凶和赔偿损失。从1876年3月开始，德国向香港派出了6艘战舰，共有58门炮和1380名官兵，摆出开战的架势，对清政府施加压力。在进行武力威胁的同时，德国政府训令巴兰德向清政府提议修改条约。

当时，总理衙门正在就"马嘉理案"与英国公使威妥玛进行谈判。威妥玛是个极难缠的角色，他以武力为后盾，向总理衙门提出种种苛刻的要求，使之难以应付。所以，对于巴兰德的要求，总理衙门采取拖延的办法，以集中精力先解决与英国的交涉。对于"阿娜"号事件，清政府尽量满足巴兰德的要求，将其中两名水手处以死刑，另一名判处"重笞一百板"和三年徒刑，重金悬赏通缉在逃的水手，并给予有关的官员降职处分。巴兰德对此仍不满意，实际上，他的目的是借此展开修约谈判。

1876年9月中英签订《烟台条约》。10月4日，总理衙门和巴兰德开始修约谈判。巴兰德提出了16点要求，主要有：①洋商在租界内售卖洋货，不再抽厘金；②发给存票不立期限，并准以存票支取现银；③准德商携现银入内地采买土货；④开放更多的通商口岸。

总理衙门采取拖延战术，不急于答应巴兰德的要求。巴兰德盛怒之下，学上年英国公使威妥玛的样子，于12月1日提出最后通牒，声称如不立即答应他提出的要求，他将于12月4日离开北京，并和德国海军"联合采取维护德国利益的必要措施"。总理衙门赶忙表示愿意作进一步谈判，但始终未全盘接受德国的要求。

此后，双方谈判时断时续，直至1880年3月31日，才由总理各国事务协办大学士兵部尚书沈桂芬和户部尚书景濂代表清政府与巴兰德在北京签订中德《续修条约》。条约共10款，主要内容有：暂准德国船只在吴淞口停泊，上下客商货物；德船已在中国完纳船钞者，如往其他通商口岸，4个月内均不重征等。同时，双方还签署了《善后章程》，对《续修条约》的有关内容作了进一步规定。

8 商贸的拓展

1861年前，德国对华贸易规模较小，德人在华最主要的商业活动是从事沿海航运，德船占了3/4的航运业务，大部分受中国商人常年雇用。德商在对华贸易中所占份额极小。1849年，在华德国洋行只有4家，人员33名。但到1872年，洋行增至40家，人员增至487名；到1894年，分别增至85家和767名，获得了较大的发展。其中较著名的有礼和洋行和美最时洋行。

礼和洋行于1855年设于广州，主要经营在中国沿海出租或出售船舶业务，是克虏伯、德意志造船厂等大企业在中国的独家代理，发展很快，先后在上海（1877年）、天津（1886年）、汉口及武昌（1891年）、青岛（1898年）和济南（1898年）等地开设了分行。天津分行的大部分买卖都与清政府有关，曾充任清政府与德国第一次借款的中介机构。

美最时洋行于1866年8月开设于香港，主要经营海运及保险业，先后在上海（1877年）、汉口（1884年）、广州（1891年）、天津（1896年）、汕头、镇江、宜昌（1899年）等地开设了分行，规模也不小。

1870年以后，德国对华的直接贸易有了较快的增长。在对华输入的产品中，军火所占份额最大，这是德国对华贸易的一个突出特点。

德国统一以后，尤其注重军火工业的发展，一则可以扩军备战，二则可出售赚取巨额利润，可谓一举两得。当时中国急需训练和装备新式军队，并建立近代海军，遂成为德国军火的巨大市场。1875年，李鸿章购买了一套野战炮队的装备。1877年，他又购买了价值16万两银子的克虏伯大炮。以后几年，吴淞炮台和苏州等地也购进不少克虏伯大炮。1885年中法战争后，德国军火制造商更有效地扩大了在华的军火交易量，中国的军事要塞几乎都可见到克虏伯的枪炮。仅1885年至1892年间，德国输入中国的军火中就有克虏伯大炮432门、舰用炮20门、鱼雷炮9门、鱼雷30枚，以及弹药等其他大批军备物资。从1880年至1899年，中国海军购入各种德国舰船36艘。

德国人还在中国开办了许多工厂和银行。1889 年在上海成立的德华银行是德国在华最大的金融机构。该行在天津、汉口、青岛、香港、济南、北京等地都有分行，与英国汇丰银行、法国汇理银行、俄国道胜银行等并驾齐驱，在金融界占有较重要的地位。

4 三国干涉还辽

1894 年中日发生甲午战争，清军在海陆战场连遭败绩，被迫于 1895 年向日本求和。3 月初，清政府全权议和代表赴日前曾向德国驻华公使绅珂提出由德国"作机密的斡旋"。德国政府知悉后，即训令驻日公使秘密照会日本政府，要求日本"迅速讲和，并减轻它的条件"。德国介入中国议和有两方面的原因，一是担心日本在华势力过分扩张会危及德国利益，二是可以示好中国，借机索要租界、港口等。

德国的干涉倡议得到俄、法两国的赞同。4 月 3~6 日，日本把要求中国割让台湾和辽东半岛等议和条件分别通报欧美各国。东北向为俄国势力范围，故俄国立即照会德、英、法三国，要求联合劝说日本放弃旅顺。英国拒绝参与，德、法态度积极，德国尤其支持俄国的强硬立场，这使俄国决定进一步制止日本占有辽东半岛。

4 月 17 日，《马关条约》签字。4 月 23 日，俄、德、法三国驻日本公使分别向日本政府提出口头劝告，要求日本放弃辽东半岛，理由是日本占领辽东半岛会危及中国的首都，使朝鲜的独立变得有名无实，妨碍远东的持久和平和列强在华利益。德国公使警告说，对三国的抵抗是毫无希望的，俄国军舰也摆出作战姿态。在三国的强大压力下，日本被迫同意由中国花费3000万两银子"赎回"辽东半岛。

5 索取汉口和天津租界

"干涉还辽"成功后，三国即以"有功"于中国而向清政府索要种种权益。德国驻华公使绅珂率先行动，照会总理衙门，要求在汉口和天津开辟专管租界，以扩展德国在当地的商务。德国外交大臣也向中国驻德公使许景澄提交"租界节略"，认为德国"应在相宜口岸商划租界"。

早在中德进行修约谈判时，当时的公使巴兰德就曾要求在天津开辟德租界，遭总理衙门拒绝。现在德国终于有了索占租界的借口和机会。为表示对德国"干涉还辽"之功的感激，清政府迅即同意了这一要求，并饬令有关地方政府同德方商议具体事宜。

1895年10月3日，汉黄德道（辖汉阳、黄州、德安三府）道台恽祖翼和江汉关监督与德国驻沪总领事施妥博（Otto von Stuebell）在汉口签订《汉口租界合同》。10月30日，天津道任之骅和津海关道李岷琛与德国驻天津领事司艮德（Edwin Seckendorff）签订《天津租界合同》。

汉口德租界设在英租界以北，通济门外长江边，起自沿江官地，到李家墩为止，计长300丈，宽120

丈，总面积为 600 亩，由中国"永租与德国国家"。租地所需交纳钱粮计为：每亩地丁银 1 钱 1 分 7 厘，共 70 两 2 钱；每亩糟米 2 升 8 合 4 勺，共 17 石 4 升，按时价 3 升米折合银 1 两，共 51 两 1 钱 2 分。此外，原在这块地界居住的中国人每年交纳钱粮共计银 121 两 3 钱 2 分，也由德国方面承担。外国人如需租用界内中国业主地基，由双方按"三个月以内相等地基价值公平酌定"。

1898 年初，湖北地方官府同意德人的扩界要求，把法租界和德租界之间的一块官地划归德人，使德租界面积增至 630 余亩。

天津德租界东临海河，北接原来的美租界，西至大沽路东，南自小刘庄北面至大沽路东西路旁止，总面积为 1034 亩。双方议定地基价为每亩 75 两银子。德人当时未付款租地，而是在一年之后才开始办理。此时某些地段的地基价已涨至 240 两银子，但德人仍按合同出 75 两，致使租界内的中国业主怨声载道，清政府只得赔贴白银 12 万两，其数量反超出德国交纳的房地租价。

德租界开辟之初，德人就有扩展之意。1900 年八国联军侵华，侵入天津的德军除在德租界内驻扎外，还在租界以西的三义庄、桃园村一带放马，储存军械粮秣。1901 年 7 月，德国驻天津总领事秦莫漫与天津道张莲芬、直隶候补道钱镲订立协议，规定将该处 3166 亩土地划为德租界的"新界"，使天津德租界的面积增至 4200 亩。

四 德国强占胶州湾

李希霍芬的考察活动

李希霍芬（Emil Richthofen，1833~1905）是德国著名的地质学家和地理学家，是近代地理学的"第一代大师"。1861 年，他曾随艾林波使团来华。

1868~1872 年间，李希霍芬先后 7 次来华考察旅行，到过中国 13 个省份。他在华期间，每天都记有日记。他死后，由学生整理出版，名为《李希霍芬旅华日记》。他在考察过程中还写了大量考察报告，寄往德国、美国，在海外引起极大反响。他写给上海英国总商会会长的英文《旅行报告》，曾在上海印行过两次。他的考察费用初由美国加利福尼亚银行提供，后由上海欧美商会供给。

1873 年，李希霍芬返回德国，以后半生的大部精力写作巨著《中国——个人旅行的成果和在这个基础上的研究》。全书共 5 卷，李氏只写了 3 卷就去世了，后 2 卷由别人根据他的考察资料撰写完成。

1868 年他考察舟山岛后，曾建议俾斯麦占领舟山，因为他认为舟山易于设防，并可利用海军控制通往华北和日本的交通。俾斯麦虽然对他的建议很有兴趣，但当时德国尚未统一，在远东的军事力量尚不够强大，所以未采取行动。

李希霍芬花大力气对山东各地作了考察。他对山东的煤矿特别注意，记载了各煤矿的地点和产销情况。他认为山东的煤"品质优良，乌黑而坚硬，火焰明亮，能制成上等焦煤"，是理想的能源。他还发现胶州湾的地理条件十分优越，极力鼓吹由德国占据胶州湾，修建由胶州湾至济南的铁路，把山东省的一些重要煤区联结起来，便利土货的输出和洋货的输入。他回国后还专门写了《山东及其人口门户——胶州》及《胶州的地位及其将来的意义》等论著，说"胶州湾乃是山东全省第一要地，经我德国占领，即可掌握山东全省之利权"。他的考察报告和言论对德国侵略山东政策的制定影响极大。德国政府后来侵占胶州湾并划山东为势力范围，主要是根据李希霍芬的论述决定的。

② 安治泰与天主教圣言会

德国在华传教活动主要集中在山东，其源起和发展都与天主教圣言会及其主教安治泰（Jean Baptriste Anzer）息息相关。

1873～1875年，德国政府颁布限制天主教活动的若干法律，迫使许多教士逃往国外。其中有个名叫严森（Arnold Janssen）的教士逃至荷兰，于 1875 年在靠近德国的斯泰尔创立天主教圣言会，并设立布教学校，积极策划到海外传教。由于德国的限教政策，他们求得了法国的保护。

1879 年，安治泰受天主教圣言会派遣来华传教。他先在香港学习汉语，后到烟台、济南等地活动。山东原为意大利方济各会的传教区，但该会一直未打入山东南部的孔孟之乡。1881 年，方济各会把曹州府、兖州府、沂州府和济宁直隶州划给安治泰。1882 年，安治泰来到阳谷县的坡里庄，以此为据点向鲁南各地发展。在头三年里，他就建立了 100 多个堂口。由于安治泰成就显著，1886 年被罗马教皇任命为山东南部教区的主教。他并不满足于此，他的目标是要把鲁南的儒文化中心兖州变为他的传教中心。1886 年和 1887 年，他曾两次在兖州城内制造购买民房、修建教堂事件，兖州民众刊印揭帖，捣毁其房屋，表示坚决反对，使他的图谋未能得逞。

安治泰在山东暴戾专横、蛮不讲理，是个披着宗教外衣的侵略分子。他收容不法之徒入教，纵容教民欺压平民，包揽词讼，包庇犯罪的教徒，借助外人在华取得的各种侵略特权胡作非为，与地方官府作对。遇有教案发生，他往往通过德国公使向清政府控告地方官，使不少地方官被处分或调离。

圣言会在华的传教活动受到了德国公使和德国政府的支持。此时，俾斯麦已认识到天主教对德国侵略有利，对天主教转而采取保护政策，并试图从法国人手中收回对德国传教士的保护权。1887年安治泰返回柏林时，俾斯麦对他厚礼接待，并表示要热心保护传教事业。安治泰大喜过望，不等请示罗马教皇即表示愿意脱离法国而归德国政府保护。此后，德法两国就护教权进行了激烈的争夺。法国不甘心放弃对德国传教士的保护权，通过罗马教皇向德国施加压力。

1890年6月，安治泰向德国公使馆再次表明他要求德国保护的决心，并领受了德国公使馆签发的护照（此前他们持有的是法国护照）。不久，他亲赴欧洲向罗马教廷游说，德国政府也通过种种手段向法国和罗马教廷施加压力，终使法国和教皇作出让步。10月23日，安治泰在柏林代表圣言会正式接受了德国的保护，被德国报刊誉为"爱国行动"。德皇接见了他，并授予他加星二等皇冠勋章。

此后，安治泰有了强大的靠山。1891年初，德国政府指示巴兰德着意保护教会。巴兰德一面照会总署，一面特派天津领事司艮德赴山东圣言会传教区，向地方官员申明德国保护传教士的政策和决心，迫使他们按安治泰的要求处理教案。司艮德的山东之行虽未使安治泰进入儒文化中心，但使他从波里庄迁入了鲁南经济重镇济宁。

圣言会取得德国保护权后，在山东更是横行无忌，胡作非为，引起地方官府和民众的极大愤慨。1893年，安治泰凭借特殊地位，向清政府取得三品、二品官员的顶戴，俨然与督抚并驾齐驱。他出则有人抬轿打伞，前呼后拥，入则有人击鼓鸣锣，夹道欢迎。在他的带动下，传教士和不法教民更加肆无忌惮，使得山东民教冲突加剧，教案迭起，为德国强占胶州湾和侵略山东制造了借口。

✑3 侵占军港的图谋

德国早就有在中国沿海地区或岛屿获得一个侵略据点的图谋，但苦于没有合适的机会。德国人为此等待了30余年。

1860年艾林波使团来华时，就有人鼓吹占领中国沿海某个港湾或岛屿，作为德国海军据点或殖民地。但当时的远征队势单力薄，难胜此任。1864年，普鲁士政府曾考虑在台湾设立海军据点，并指示"羚羊"号军舰收集有关台湾的信息。1867年4月，一些商人在给普鲁士政府的一份备忘录中称："如台湾和海南岛，它们不过是名义上属于中国罢了。如果给德国人这些岛……那么他们在较短的时期，就能使德国在东亚具有使举世都感到的威力。"这与普鲁士政府的愿望不谋而合。

以科学考察为名行侵略之实的李希霍芬认为，德国"在东亚获得一个固定的地点"是很有必要的，并建议占领舟山。他的建议引起德国政府的重视。1870年初，德国军政部训令前往中国的"亥尔塔"号舰长瞿勒（Kohler），要他把在中国沿海获得海军据点作为首要任务。1870年4月2日，俾斯麦训令驻华公使李福斯，要他与清政府谈判在沿海某地或附近岛屿取得一个海军据点的问题。但李福斯认为时机不成熟，未向总理衙门提及此事。他建议在厦门附近的鼓浪屿悄悄地设立一个野战医院和海军仓库。因俾斯麦忙于对法战争和国内事务，这件事被搁置起来。

李希霍芬后来放弃舟山，转而大力鼓吹胶州湾，使胶州湾的种种优点为德国朝野所熟知，德国政府逐渐对胶州湾产生了兴趣。中国驻德公使许景澄获悉这一情况后，于1886年上奏清政府，"西国兵船测量中国海岸，无处不达，每艳称胶州一湾为屯船第一善埠"。他主张将胶州湾辟为海军屯埠，抽调海陆军驻扎，以防患于未然。御史朱一新也奏请清政府在胶州湾修建炮台和船坞，抽调战舰驻扎，为未雨绸缪之计。然而当时清政府以财力不及，未采取具体措施。

1891年6月，李鸿章和山东巡抚张曜巡视胶州湾后，调登州总兵章高元领兵4营移驻胶州湾。章高元在青岛村天后宫旁修建总兵衙门，在青岛及团岛等处修土垒、筑炮台，并设置骧武、广武、炮兵等营，又用旅顺船厂的铁材修筑南海栈桥，以便军旅起卸。但因财力不足，加上章高元"日在醉乡，更纵容其子抬权纳贿，营务大不可问"，所以，几年中胶州湾的防务并无太大的起色。

1895年中日甲午战争爆发后，德国政府在中国侵占军港的欲求更为迫切。1895年10月，德国以"干涉还辽"之功强取汉口、天津租界，但它并不以此为满足。1895年10月29日，德国公使绅珂向总理衙门正式提出，德国海军需要在中国沿海获得一港口作"储煤站"。总理衙门迟迟未予答复。12 月 14 日，绅珂再次提出这个要求，总理衙门大臣奕劻说，德国的要求没有先例，中国如果接受，其他国家就会提出同样的要求，使中国陷入困境。恭亲王奕䜣也说不宜就此问题进行谈判。

1896 年初，德国外交大臣马沙尔（Marschall）向中国公使许景澄提出要在中国"借地舶船储煤"。许景澄回复说："中国如允德国，则在东方有权之数大国，必援照要索，若不见允，必致与我为难，德国有何良策，能代中国弭杜后患？"许景澄对德方的要求一直持坚决拒绝的态度。

1896 年 5 月 6 日，李鸿章以特使身份参加了沙皇尼古拉二世的加冕典礼。6 月 13 日，李鸿章一行抵达柏林访问。其间，马沙尔旧事重提，要求在中国获得一个"军港"，亦被李鸿章婉辞拒绝。

中国方面的一再推拒使德国政府颇为恼火，乃决心使用武力达到其侵略目的。德皇于 8 月改派尚武好战的海靖接替绅珂任驻华公使，并派心腹将领铁毕子（Alfred Tirpitz）元帅出任德国远东舰队司令，加快了侵占海港的步伐。

海靖性情暴戾、为人狂傲，认为中国人是劣等民族，只有使用武力，才能使之就范。他说，"我们必须利用不同的手段，激怒中国政府，使其处于过错之中"，从而制造强占军港的借口。其用心是何等险恶！

1896 年 11 月 3 日，李鸿章访德时的顾问兼翻译德璀琳在德国海军部召开的会议上，建议德国选择胶州湾作为海军基地。他说胶州湾有港湾深阔、气候适宜、易于设防、冬季不冰封、地理位置重要等种种优点。他的意见受到海军部的赞赏。

铁毕子来华后，对胶州湾作了实地考察，得出了与德璀琳的意见完全相同的结论。他把调查结果上报海军部，更加坚定了海军部的决心。1896 年 11 月 29 日，德皇召集大臣开会，正式决定夺占胶州湾，并于 12 月 15 日制定了占领胶州湾的计划。因暂时无借口，1897 年初德国政府训令海靖向总理衙门提出租借胶州湾 50 年的要求，总理衙门答以"恐各国援照，事实难行"。

德国仍不放弃，又派筑港工程师乔治·佛朗求斯（George Franzius）前来中国考察胶州湾。佛朗求斯考察数月，于 8 月写出详尽的技术性考察报告，对胶州湾的位置、地势、港口、面积、气候、地质、潮汐差度、动植物分布、水深等 30 多个项目作了详细调查和研究，为强占胶州湾进一步作准备。

德国还通过各种途径取得俄国和法国的谅解，为占领胶州湾奠定了外交方面的基础。对德国来说，此时可谓万事俱备，只欠东风——即采取行动的借口。两名传教士之死使德国政府找到了借口。

🍃 巨野教案

1897 年 11 月 1 日夜，山东曹州府巨野县发生两名德国传教士被杀案件，史称巨野教案。它给等待已久的德帝国主义提供了侵华借口。

前文说到，德国圣言会传教士在鲁南地区凭借种种特权和德国政府的庇护，"挟持官府，包揽诉讼，霸占地产，敲诈勒索，欺压乡民"，引起鲁南民众的极大愤慨，民教之间常有冲突发生。巨野县张家庄教堂驻堂神甫薛田资（Georg Maria Stenz）就是引起民愤极大的一个侵略分子。他1894年到山东，先在阳谷县的坡里庄教堂学了几个月汉语，然后来到张家庄教堂。他横行不法，还纵容教民欺压乡邻，触犯了众怒。民众聚集起来，于11月1日冲入教堂，找薛田资算账，不想另有人作了他的替死鬼。当日上午，邻区的韩理（Richard Henle）神甫和能方济（Franz Nies）神甫来找薛田资，三人一直谈到深夜，因床位不够，薛田资便到门房去睡。不久，当地民众冲进教堂，杀了韩理和能方济，却未找到薛田资，使他逃过此劫。

🌀 *5* **兵发胶州湾**

巨野教案发生后，清政府宣称是"强盗杀人"，目的在于把大事化小，尽快结案，不给德人以可乘之机。而德国则尽量扩大事态，乘机实施其侵略计划。

德皇威廉二世获悉巨野教案的消息后，拍电报给外交大臣布洛夫（Bülow）说："华人终究给我们提供了您的前任者——马沙尔——好久所期待的理由与事件。我决定立刻动手。"他同时训令远东舰队司令狄特立克斯（Otto von Diederichs）："立刻开往胶州，占据该地，并威胁报复，积极行动。"

狄特立克斯接到指令后，于 11 月 10 日率领"德皇"号、"威廉亲王"号和"鸬鹚"号三艘巡洋舰从吴淞口出发，13 日下午 4 时到达胶州湾。德军采取了欺骗的手段，以麻痹清军。当章高元发现德舰，派人乘小船前去探询时，他们答以"来此游历"，"停泊数日即行"，还说士兵在海上历时过久，想登陆试操一次，以活动筋血等。因 8 月份德舰来胶州湾考察时，总理衙门曾谕令章高元"妥为接待"，故章高元未保持警惕，未作战守准备。

11 月 14 日晨 7 时，德军官兵 720 人分乘小舢板在栈桥西岸登陆，清军不知有诈，列队致意。孰料德军上岸后，忽然兵分数路：一路抢占总兵大营背后山头，架起钢炮；一路将总兵大营包围；一路占领前海崖的炮台，拔掉大清龙旗，换上德国旗帜；另一路奔向小鲍岛附近的火药库。当时驻守青岛清军共有 11800 人左右，在全无防备的情况下，被德军占据主动，处于非常不利的境地。11 时左右，德军向清军发出最后通牒，限清军下午 3 时退至女姑口、崂山以外。章高元畏葸避战，于下午 2 时半率兵马退至青岛山后四方村一带，德军兵不血刃占据青岛。狄特立克斯贴出布告，宣布"占领胶州湾及其附近一切海岛与属地"。

章高元屡次急电北洋大臣王文韶和山东巡抚李秉衡请示办法。李秉衡极力主战，但清政府尚未从中日甲午战争失败的阴影中恢复过来，从一开始即确立避战求和的方针。16 日下午，章高元接到天津王文韶转来清廷电旨，谓"德国图占海口，蓄谋已久，此时特藉巨野一案而起，度其情势，万无遽行开仗之理。惟有镇静严扎，任其恐吓，不为之动，断不可先行开炮，致衅自我开"。章高元怕开战"获罪滋重"，在德军的威逼下一再后退。11 月 30 日，清廷谕命章高元部开往烟台，承认了德军强占胶州湾的既成事实。德国为进一步对中国施加压力，又派遣 3 艘军舰组成第二舰队，由威廉二世的弟弟亨利亲王率领来华。

6 签订《胶澳租界条约》

教案发生后，清政府严令地方官迅速破案。地方官抓获雷协身、惠二哑巴等 9 人，分别判处死刑或监禁等。但德方一开始即决定抬高要价，使中国无法答应，从而使其有继续占据胶州湾的借口。

11 月 20 日，德国公使海靖向总理衙门提出 6 项条件：①山东巡抚李秉衡革职，永不叙用；②安治泰在济宁已开始建教堂，中国应赔偿银两并赐匾额，须有保护教堂教士之意；③惩办制造教案人犯，全部赔偿教士损失；④中国保证今后永不发生此类事件；⑤山东如开办铁路，中国先准德国商人承办；⑥中国赔偿德国办结此案所费之款。

虽然条件超出教案赔偿范围，清政府仍同意谈判。经过反复"磋磨"，双方基本上按上述 6 条达成协议，并约定 12 月 29 日互换照会，作为先结教案之据，至于赔偿军费之事，另案商议，对李秉衡的处分，由

"永不叙用"改为不可再升任大官。不料海靖 29 日推翻前议,再次提出将李秉衡革职永不叙用及撤换曹州镇总兵万本华等无理要求,并呈上租借胶州湾 99 年的"租地照会五条",如不答应,即不撤兵。

清政府一面将万本华免职,一面派翁同龢及张荫桓二大臣赴德使馆磋商。海靖拿出地图,坚持胶州湾两岸全部归德国占有。二大臣先提出南岸归中国,北岸由德占,海靖不同意;再提出让与齐伯山,保留陈家岛,雇德人筑炮台,购德国克虏伯大炮等条件,海靖仍不同意,双方未达成协议。

1897 年 1 月 4 日,海靖在谈判中威胁奕䜣、奕劻等清廷大员:①如不允许租借,德方即不撤胶州、即墨的军队,而且还要尽兵力所至任意侵占;②允许租借,可以不要中国赔偿费用,否则,"尽德兵力,索赔数百万";③此事解决以前,中国不能举借外债。奕䜣等人怕事态扩大,同意了德国的租地要求。消息传出,京内、京外许多官吏纷纷上书表示反对,指斥奕䜣等总理衙门大臣误国,有的主张抵抗,有的主张请各国调解,但一意主和的清廷最终选择了妥协。

1897 年 3 月 6 日,李鸿章及翁同龢代表清政府与德国政府签订了《胶澳租界条约》。同年 7 月 17 日,该条约在柏林换文批准。条约主要内容如下:

(1)中国将胶州湾南北两岸陆地及湾内各岛租给德国,为期 99 年。租期内胶州湾归德国管辖,但不得转租他国。中国船只及别国船只,均受德国所定章程的约束。

（2）如在租期未满之前，德国自愿将胶州湾归还中国，则德国在胶州湾所花费用由中国偿还，并将另一相宜之地让与德国。

（3）自胶州湾水面潮平点起，周围100里的陆地划为中立区，德国军队可自由通行，而中国如要派驻军队，进行与军事有关的活动，必须先和德国商量。

（4）中国允许德国在山东建造两条铁路，一条由胶州湾起，经过潍县、青州、博山、淄川、邹平等地至济南，并通往山东边界；另一条由胶州湾起，经沂州、莱芜至济南。在铁路两旁30里内，允许德人开办矿务。

（5）以后山东无论筹办任何事务，凡需要利用外资，使用外国机器设备和聘用外国人，均须先与德商洽办。

这个条约使德国实现了蓄谋已久的野心，使中国的利权进一步丧失。胶州湾550平方公里的土地沦于德人之手，成为国中之国，其周围6500余平方公里的土地，实际上成为中德共管的区域。路矿开办权的获得为德国以胶州湾为桥头堡进一步控制山东全境奠定了基础。此后，山东成为德国的势力范围。

德国此举开了一个恶例。继之而来的是俄国强租旅大、英国强租威海卫、法国强租广州湾，日本觊觎福建，掀起了列强争夺势力范围、瓜分中国的狂潮。

五 德国与列强争夺利权

1 对华借款权

帝国主义列强不仅在贸易、划分势力范围方面互相争夺，侵占中国利权，而且在对华借款问题上明争暗斗，以便在攫取高额利润的同时，在政治方面谋求好处，保证其在华的侵略权益。

1895 年《马关条约》签订后，清政府须向日本交付 2 亿两赔款和 3000 万两赎辽费。清政府国库空虚，只有举借外债一途。俄、法捷足先登，借与清政府 4 亿法郎（约合 1 亿两白银），德、英两国十分恼怒。1896 年 5 月清政府须向日本支付第二期赔款，英、德两国及早联手，与俄、法争夺第二笔借款之权。

1895 年 12 月，德国公使绅珂和英国公使窦纳乐（Claude MacDonald）向总理衙门提出对华借款条件：由汇丰和德华两银行合借 1600 万英镑（约合 1 亿两白银），年息 5 厘，九五折扣，佣金 5 厘 5 毫。两公使要求 1896 年 1 月 30 日前 "即须订妥，过期尚须另议"。总理衙门认为利息太高（俄、法第一次借款年息 4 厘），要求降至 4 厘 5 毫，遭到拒绝。总理衙门转而与俄、法等国洽商，迫使英、德放宽借款条件，免去佣金，折扣改为九四。1896 年 3 月 23 日，清政府与汇丰、德华银行签订借款合同，借款总额为 1600 万英镑，由两银行各出一半，年息 5 厘，九四折扣，中国以海关收入作抵，分 36 年还清。合同还规定：36 年内中国不能一次还清借款或变更还款办法；在借款还清以前，中国海关事务"应照现今办理之法办理"。这是金融借款附加的政治条件，使中国海关行政和关税收入 36 年内不得自主。

1898 年 5 月 8 日是《马关条约》换约三周年。清政府为在此之前还清尚欠日本的 7000 多万两赔款，不得不再度举借外债。为此，列强之间展开了新一轮的角逐，最后还是英、德战胜对手，获得借款权。1898 年 3 月 1 日，清政府再次与汇丰、德华两银行签订借款合同，主要内容如下：

（1）借款总额 1600 万英镑，按八三折扣交付，清政府实际所得仅 1300 万英镑。

（2）年息 4 厘 5 毫，期限 45 年。中国不得提前归还。在借款还清以前，中国海关事务"应照现今办理之法办理"。

（3）借款除以关税余款作抵外，还以苏州、淞沪、浙东、九江等处货厘和宜昌、湖北、安徽等处盐厘作保，作为借款担保的厘金由总税务司派人征收。

这次借款是在列强掀起瓜分中国高潮的情况下办理的，清政府被迫作出的让步更大，对中国的政治经济以及主权的损害更大。

💭 津镇铁路利权

中日甲午战争以后，清政府开始大规模修筑铁路。列强各使招数，明争暗夺修路权，借以获取高额利润，扩大在华经济势力。德国亦不例外，经过20多年的发展，德国已从尾随者跻身于侵华诸列强的前列。

1897年4月，清政府把卢（沟桥）汉（口）铁路修筑权给予比利时，使德、英等国分外眼红。德国公使海靖向总理衙门要求以后在其他铁路的筑路权方面"补偿"德国。

1898年2月，清政府批准由容闳筹借洋款，设立公司，修筑津镇（天津至镇江）路。消息传出，德国首先反对。因该路经过山东，德国搬出《胶澳租界条约》中的有关规定，声称"山东造路之权，为德人所专有，无论何人，不能在山东另选铁路"，要求把津镇路的修筑权给予德国公司。

英国亦不甘落后，要求承办津镇路，但因该路经过山东，英国不得不放弃独办的打算，与德国协商。双方在此事上存在共同利益，遂达成妥协，共同承办。在英、德政府授意下，两国金融界代表在伦敦举行谈判，并于9月2日达成协议：长江流域以及山西经河南至长江流域为英国利益范围，山东省和黄河中下游为德国利益范围。

9月10日，英、德两国公使照会总理衙门，要求联合承办津镇铁路。德使海靖威胁道："德商请办津镇

41

铁路，出自国家之意。如果不允，中德交谊就此中止。"清政府无奈，只得派工部侍郎许景澄等大臣与英、德银行团谈判，议定津镇路以山东峄县为界，分南北两段兴建，由中英公司和德华银行分别负责建造。1899 年 5 月 18 日，三方代表签订《津镇铁路草合同》，规定向德、英银行团借款 740 万镑，按九〇折扣交付，年息 5 厘，以铁路产业及收入作保；借款以 50 年为期，30 年后，中国政府或华商可准备资金还清全部借款，但不得借用俄、法或别国款项排挤德、英势力；借款还清之前，该铁路由英、德银行团经营。这条铁路的承建使德国在巩固其在山东地位的同时，把触角伸向了长江流域，使其在列强中拥有了更大的发言权。

3 山东路矿权

《胶澳租界条约》签订后，德皇威廉二世于 1898 年 4 月 27 日发布敕令，宣布"胶州湾领土，归德意志帝国之所占有，兹朕以帝国之名，置该领土于朕保护之下"。胶州湾成了殖民地，名为"胶州湾保护领"。接着，德国在此建立殖民政府，总头目称为"胶州总督"，由德国远东舰队司令担任，既管政务，又管军务。总督之下设政厅，分民政、军政两个系统。德国由此开始了对胶州湾长达 15 年的殖民统治。更严重的是，德国以胶州湾为根据地，把山东全省视为囊中物，肆意攫夺山东的路矿权。

《胶澳租界条约》规定胶济铁路由华商、德商各设公司，"各自集股，各派妥员领办"。但是德人不愿华商分沾其利，而是一手包办了胶济铁路的修建。1899年6月1日，德国14家银行和公司在柏林联合成立德华山东铁路公司，资本总额为5400万马克，分5.4万股。总公司设在柏林，青岛设立办事处。同月，勘测工作正式开始，9月23日从青岛正式动工修建。

由于德方未与清政府商定勘测和修建铁路的详细办法，不与地方官府协调即行动工，在地价、迁祖坟、迁宅院等问题上与沿路民众发生了冲突。德国公司所雇用的勘测和修路人员也拉大旗作虎皮，仗势欺人，横行无忌，激起了民愤。1899年6月18日，当铁路勘测至高密县境内时，有路工在集市调戏妇女，激起众怒，民众群起而痛殴之，并顺便拔掉多根勘测后所立的路标。胶州总督叶世克（S. Jaeschke）以此为由派兵至高密，在城乡杀人放火，肆行骚扰，迫使地方官与铁路公司暂订"路工办法十一条"。但德军的淫威并不能使地方民众屈服，反对德人肆意占地修路的斗争此起彼伏，迫使铁路公司不得不停工数月。从1900年2月起，总督叶世克的代表及铁路公司总办锡乐巴（Heinrich Hildebrandt）同山东巡抚袁世凯的代表荫昌进行了反复磋商，于3月21日签订《胶济铁路章程》，要点如下：

（1）设立华商、德商胶济铁路公司，各募华人、德人股份，先由德人暂时经理。所募集的华人股份达到10万两以上时，再由山东省选派合适人员入公司，详订章程，会同办理。

（2）公司勘测、购买修路地段、租赁房屋、雇用小工等事项，应由山东巡抚专派官员并约请地方官共同办理。

（3）铁路经过地段，凡遇有应留水道之处，必须造桥梁或留涵洞，不得有妨民田，亦不得损妨本省城垒、公基及防守各要害。

（4）该公司所雇华人有违法犯禁之事，由该处地方官审办；所雇外国人违法犯禁，一经控告，公司亦应严查，按洋例究办，不使宽贷。

（5）在百里中立区外需要保护铁路之处，应由山东巡抚派兵前往，不准派外国军队。中立区外概不准载运外国军队及所用军械。

（6）山东遇有饥馑之年，或遇水灾，须载运赈济物资，或遇变乱须载运军队及军械、粮草等物时，可少付车价。

（7）此段铁路，将来中国可以收回，其收购办法，将来另议。

从上述条文可以看出，德国公司在获得山东地方政府支持和合作的同时，也不得不作出了某些让步，因为山东人民的反抗斗争使德国人认识到，一味仗势欺人、恃强蛮干是寸步难行的。德国人的主要目的在修路，因胶济铁路将使德国的影响"随着铁路的延伸而向外扩散，弥行弥远，逐渐牢牢地立足于山东"。

1902 年 6 月 1 日，胶济铁路按原计划修至潍县，并开始通车。当天潍县举行通车典礼时，山东巡抚张人骏曾派代表前往祝贺，并致送喜幛。1904 年 6 月 1 日，胶济铁路按原计划修至济南，并全线通车，干线总长 394.6 公里。

在修筑铁路的同时，德国侵略势力也开始了对山东矿业利权的掠夺。因《胶澳租界条约》规定德人可在铁路两旁 30 里内开矿，所以组成山东铁路公司的银行和公司于 1899 年 10 月也在柏林正式组建了德华山东矿务公司，注册资金 1200 万马克。

1900 年 3 月 21 日，德华矿务公司总办司米德（Schmidt）同袁世凯、荫昌签订了《山东德华矿务公司章程》，其内容与《胶济铁路章程》大体相同，使德商的开矿作业得到了山东地方政府的合作和保护。

德华矿务公司在山东经营煤矿期间，主要开办了坊子和淄川两处煤矿。

1901 年 10 月，公司首先开挖潍县的坊子煤矿，1902 年 9 月开始出煤。当运煤的火车首次把坊子煤运至青岛时，青岛的德国人都喜笑颜开，热烈庆贺他们的成功。至 1908 年，坊子煤矿的年产量已达 27 万多吨。

1904 年 6 月矿务公司开建淄川煤矿，1906 年开始出煤。因该矿藏煤量丰富，煤质优良，矿务公司便增加投资，扩大经营规模。为运煤方便，公司还修建了自淄川车站通往矿井的铁路支线。至 1910 年，淄川煤矿的规模和产量均已超过坊子煤矿。至 1914 年，淄川煤矿总计产煤约 392 万多吨。

此外，德人还以与华商"合办"的名义，索取到了山东沂州、沂水、诸城、潍县和烟台等处的勘办矿务权。

六 新世纪的乌云

义和团山东反洋教

义和团原称义和拳，在山东、冀南、豫东、苏北等地流传，是许多民间秘密结社中的一种。自外国传教士进入山东肆行不法以后，义和拳和大刀会、梅花拳、红拳会等组织即开始了反洋教斗争，引起洋人的恐惧和仇视。随着甲午战争后民族矛盾的激化，特别是德国强占胶州湾，英国强占威海卫以后，山东群众反对侵略、反对洋教的斗争更加高涨。当时即有报道说，山东"内地百姓皆有心护国，比三年前与日战时更切"。在这种严峻的形势下，大刀会等组织逐渐同义和拳合流，发展成为一个有广泛群众基础的"灭洋"团体，在各地开展反侵略、反洋教活动。圣言会主教安治泰也承认，德国强占胶州湾是激发群众反教斗争显著增多的"第一个主要原因"。

在山东传教的有意大利人、法国人、美国人和德国人，但山东人民的反教斗争，首先是从德国圣言会传教区沂州、兖州、曹州等地爆发开来，主要原因是圣言会传教士对当地人民犯下的罪行最为严重，其气焰最为嚣张。1898年底发生日照教案，安治泰迫使日照县和沂州府答应了他的苛刻条件。但是各处的反教斗争仍不断发生，他便要求胶澳总督叶世克派兵至沂州干涉。叶世克同意派军队占领日照县城。他先派三人至沂州进行侦察，被当地村民驱逐。叶世克立即派出两支部队，一支于1899年3月30日占据日照县城，占领县署。另一支于4月3日到达兰山县的韩家村，放火烧毁民房300余间。德军占据日照县城达六个星期之久，撤退时还抓走一些人当"人质"。在此期间，德兵四处骚扰、抢劫、强奸、杀人，种种暴行，不胜枚举。

然而，侵略者的种种暴行并没有吓倒山东人民。1899年6月起，高密县民众掀起了反对德国修筑铁路的斗争，山东其他教区的民众也纷纷开展了反教斗争。1899年6月以前，反教斗争主要集中在沂州府；6月以后，各种反教的拳会组织主要在兖州府、曹州府和济宁直隶州活动；8月以后，反教活动蔓延至济南、东昌、泰安和临清直隶州。是年春夏间，曹、兖、沂三府和济宁直隶州所属各地义和团，共反教民1100余家；秋冬间，济南、东昌、泰安三府所属17州县义和团，共发动反教活动127起，焚拆大小教堂10座，架掳伤毙教民28人。

传教士害怕群众的反抗斗争，他们一面与地方官府交涉，一面通过驻京公使向清政府施加压力，要清政府严厉镇压义和团。清政府任命以屠杀大刀会著称的原山东按察使毓贤接替张汝梅任山东巡抚。毓贤接任后，曾派军队到平原、冠县、高唐等地镇压义和团，诱捕朱红灯等义和团首领，但毓贤在山东做官 20 余年，对传教士和教民横行不法极为痛恨，对义和团抱有一定的同情，在镇压的同时，也有抚绥义和团的行为，引起了传教士和各国公使的不满。清政府被迫于 1899 年 12 月 6 日撤换毓贤，改任袁世凯为山东巡抚。袁世凯改变抚绥政策，对义和团进行血腥镇压，缉拿惩办了十多名义和团首领，将山东各地的反洋教斗争平息了下去。

2 八国联军陈兵津门

义和团运动虽然在山东遭到镇压，但由于清政府内部对义和团有剿和抚两种意见，使义和团运动在直隶境内迅速发展起来，形成风起云涌之势，且很快波及天津和北京。外国公使一再要求清政府明令镇压义和团，但事态发展很快，清政府陷入了剿抚两难的困境。

1900 年 4 月 7 日，英舰 2 艘、美舰 1 艘、意大利舰 2 艘、法舰 1 艘在大沽口外示威，未产生任何效果。德国军舰停泊在胶州湾，未到大沽口外。

5 月 19 日，北京的法国主教樊国梁（Pierre M. Favier）写信给法国驻华公使毕盛（Stephan Pichon），认为外国人处境险恶，要求调一支海军陆战队来北京保护天主教北堂。毕盛受其影响，在 20 日下午召开的公使团会议上建议各国共同调兵入京保护使馆和教堂。德国公使克林德首先表示赞同，并强调说，当前"陆战队的方案已不足应付形势，列强更积极干涉的时机已经到来"。他还建议"在山海关附近集中军舰"，以便必要时"派兵登陆，为保护外国人进军北京"。对于克林德的建议，各公使认为时机尚不成熟。会议最后议定各国联合照会清政府，要求切实镇压义和团，如5天内得不到答复，再组织海军示威或调动陆军登陆。

照会发出后，清政府虽然表示要尽力保护使馆和教堂，并尽力镇压义和团，但当时义和团已遍布京城，甚至由某些王公大臣带领出入皇宫大内，即使要镇压，清政府也难以着手。

5月28日，义和团焚毁丰台车站的消息传至东交民巷使馆区，各国公使立即召集会议，决定召卫队进京，并电请本国政府增兵来华。克林德当晚即致电德国政府，要求速令胶澳总督派兵前来北京。

5月31日，各国公使以保护使馆为名，调集在大沽口的海军进京，首批有英、法、美、意、日、俄等国军队300余人。6月3日又有德国和奥地利官兵80余人入京。这是八国联军侵华的第一个步骤。克林德在公使团会议上说，他认为这些行动是瓜分中国的开端。

以后各国继续派兵进入天津租界，至6月8日，天津租界有各国水兵970人，其中德军163人，随后几天又有增加。

6月4日，驻京公使团正式作出决议，要武装干涉义和团运动，并得到各国政府的允准。6月10日，英国海军上将西摩（Edward Seymour）率联军1800余人

（后增至2000余人）乘火车向北京进发。侵略军在途中不断受到义和团的阻击，进展缓慢，经过两个星期的苦战，最后狼狈逃回天津。在此期间，义和团在北京的活动更加频繁，使在京洋人极为恐慌。因援军受阻，迟迟不到北京，驻京各使馆和教堂纷纷武装非军事人员，构筑工事，作战守准备，并主动挑衅，甚至枪杀义和团民。

6月13日，德国公使克林德用手杖痛殴经过东交民巷的两名义和团民，其中1人逃脱，另1人被抓住关在德使馆内，不予释放，甚至清政府步兵统领崇礼亲自前去要求开释也遭拒绝。14日下午，义和团在城墙外侧操练，克林德命令德国卫兵在城墙上开枪，当场打死20人。15日，美军一队窜至东单附近一所庙内，枪杀义和团数十名。义和团也不示弱，与洋人展开针锋相对的斗争。13日，义和团在北京烧毁11座教堂。6月15日起，义和团对北京最大的天主堂——西什库教堂展开进攻，北京的形势更加严峻。

各国见西摩联军败回天津，便进一步扩大侵略规模，于6月17日攻陷大沽炮台，使津、京门户洞开。此时德舰已从胶州湾驶至大沽口，参加了攻占大沽炮台的侵略行动。

3 克林德东单毙命

6月19日，大沽炮台陷落的消息传入京城，慈禧太后急令总理衙门照会各国公使，谓中国政府视联军攻占大沽炮台的行动为宣战，因此不能保护使馆，希望各公使务必于 24 小时内下旗回国。

6 月 20 日，德国公使克林德前往总理衙门洽商撤使问题。在东单东总布胡同北，克氏遇到清军神机营章京恩海率队巡逻。克氏首先开枪挑衅，恩海开枪还击，将其击毙。

德国使馆卫兵图谋报复，结伙外出寻衅，向义和团和老百姓疯狂开枪射击。义和团展开反击，出动五六千人进攻东交民巷使馆区。不到 4 个小时，奥地利、比利时、荷兰和意大利 4 国使馆即被焚毁，迫使洋人退守第二道防线。京城战事进一步扩大。

21 日，慈禧太后以光绪帝名义发布宣战上谕。

克林德虽然罪有应得，死有余辜，但德国政府却以此为借口，极力推行其强硬的侵华政策。

战事初起时，德国的对华政策目标就是促成列强联合出兵镇压义和团。当时有俄国或日本单独出兵之说，德国不以为然，因为某一国单独出兵会加强其在华地位，从而损及德国的在华利益。

早在 6 月 16 日，交换电讯公司即报道说北京所有的使馆已经被毁，德使克林德已经被杀。虽然这个消息尚得不到证实，但德皇已是怒不可遏。他在致外交大臣布洛夫的电报中说："如果使馆被攻下来，馆员被杀伤，那就说明中国政府没有资格符合文明民族的要求及保证外人的安全。这就需要足以示儆的惩罚以及预防日后罪行重犯的措施，即武装干涉。"他并命令铁毕子将军动员陆战队和一师步兵，准备开赴中国。

7月2日，德皇在威廉港接到外交部电报，证实克林德6月20日被杀，即决定派第一舰队第一支队的"勃兰登堡"号、"魏斯"号、"伟森"号、"腓特烈威廉选侯"号以及小巡洋舰"海拉"号从速远征中国。他在向整装待发的德军发表演说时发誓："在德国旗帜和他国旗帜一起胜利地飘扬于中国旗帜之上，并插在北京城墙上面以前，我决不罢休。我决不与中国议和。"他要德军对中国作"示儆的惩罚和报复"。他还命令远东舰队司令裴德满（Felix Bendemann）占领烟台炮台，并截获长江上的中国船只以示报复。只是由于当时德国的军事力量不足，这两项指令才未得到执行。德皇对此很不满意。

对于克林德之死，清政府曾于7月17日致书德皇道歉，表达惋惜之情。后来还在北京为克林德设祭台，令大学士昆冈亲往致祭；还令驻德公使吕海寰在德国设祭台，并再度致国书道歉："此次中国变起仓促，害及贵国使臣克林德，朕驭下无方，致伤睦谊，一径追念，轸惜益深！……"

德国政府借克林德之死大做文章。克林德死讯被证实后，中国驻德公使吕海寰被德国外交部拒见达一月之久。德国民众也扬言要攻击中国使馆人员，使他们不敢出门。后经吕海寰要求，德国外交部派出警察保护才未出事。即使如此，使馆二等参赞仍被德国小孩扔石块砸中几下。

1901年《辛丑条约》规定，清政府派特使赴德国就克林德被杀事赔礼道歉，并在他被杀之处"竖立铭志之碑"，上刻拉丁、中、德三种文字，表达中国对所犯"罪行"的愧惜。该碑建成后称为"克林德"坊，一般称之为"石头牌坊"。1918 年 11 月 11 日，第一次世界大战以德国战败投降而结束。13 日，北京民众拆毁"克林德"坊。次年移至中山公园重建，改为"公理战胜"坊，取"公理战胜强权"之意。1953 年改为"保卫和平"坊。

开枪打死克林德的恩海也被一味示好外人的清政府交给德军，于 1900 年 12 月 31 日被德军在克林德毙命之处斩首示众。

🌤 4 瓦德西出任联军总司令

就在德国政府调兵遣将之时，联军已于 7 月 14 日攻陷天津。从胶州湾陆续开来的德军 4000 余人参加了联军攻占大沽和天津的侵略行动。天津城破后，德军也参与了天津城内的暴行，四处焚屋劫财，剿杀参加天津保卫战的义和团和清军，并派兵到天津四郊搜捕劫掠。侵略者还成立天津都统衙门，对天津、塘沽及北塘进行殖民统治，其中亦有德军所派代表一名。

天津沦陷以后，一个很现实的问题摆在了列强面前，即由哪国将领出任联军总司令？最想获得此职且具备竞争实力的是俄、英、德三国。日本和俄国是死对头，在我国东北问题和朝鲜问题上存在尖锐矛盾，所以坚决反对俄国人担任总司令。早在 7 月初，日本外相青木周藏即通过德国驻日代办韦德尔（Wedell）

转告德国政府，希望德国派一位资深上将担任联军总司令。但德国认为当时在华德军人数尚少，条件远未成熟。

7月27日，德皇以"杀无赦"为题向准备赴华的一旅官兵发表了演说。月底，该旅官兵乘船离德，踏上远征之途。

俄国和英国一直是对头，在远东又存在着巨大的利益冲突，双方都认为由对方军官担任联军总司令是"不可想象的"，所以都不得不收起最初的打算，转而赞成把总司令一职交给德国人。德国认为时机成熟后，于8月初正式提出由德军军官担任总司令一职。8月3日，外交大臣布洛夫说："为了我们在世界上的威信计，也为了恰巧是德国使节的被害及德国将士拥有的军事名誉，当进军北京时把最高总司令一职交给德国，在陛下看来是值得争取的、合理的，而且是应该的。"8月5日，德皇正式提议由陆军元帅瓦德西（Alfrad Waldersee）伯爵担任总司令，并增派军队赴华，以达成德国的侵华目标。8月6日，俄国沙皇回电，"完全赞成"由瓦德西担任该职。8月9日，德皇亲自致电奥皇、意王、英王储、日本天皇和法国总统，说俄国沙皇已把军队交由瓦德西元帅统率。8月10日，英国驻柏林大使致送照会谓，英国对瓦德西统率联军"将极感满意"。其他各国也表示赞同。法国虽然不愿将军队置于德国将领的指挥下，但在俄国的影响下也不得不接受。

德国政府的如意算盘是，在瓦德西率援军到达以前，联军先按兵不动，由瓦德西抵华后指挥各国军队进攻北京，从而提高德国的地位，以向中国勒索巨额赔款和其他侵略权益。沙俄的目标是占据我国东北三省，所以也主张暂缓进攻北京，但英、日、美等国主张尽早出发。

8月3日，前线八国司令官集议先攻占北仓，然后全力向北京推进。8月4日，联军1.8万余人由天津出发，兵分两路，沿北运河向前推进，西路由日、英、美三国军队担任，东路由俄、德、法、意、奥五国军队担任，因当时总司令一职尚未确定，德国略显消极，只出兵200人。清军和义和团虽然在北仓、杨村、河西务、张家湾、通县等地英勇抵抗八国侵略军，并付出了沉重的伤亡代价，但终未能遏其凶锋，阻其推进。8月14日，侵略者兵临北京城下，慈禧太后和光绪皇帝率部分大臣于15日凌晨仓皇逃离北京。同一天，北京落于八国联军之手。八国军队在北京划分占领区，德占区东起崇文门，西止西便门，南到广宁门，北沿崇文门、前门、宣武门一线。

各国认可瓦德西担任总司令后，瓦德西即开展准备工作，并决定搭乘22日由那不勒斯出发的"萨克森"号轮船赴华。他是一个尚武的军人，深受德皇的器重。他于1832年出生在普鲁士的波茨坦，1850年加入普鲁士边防炮队，1866年升为陆军少校。1870年普法战争时因战功升任上校、参谋长。1880年晋升少将，两年后升为中将，并担任德军副总参谋长。1883年继毛奇任总参谋长，1900年晋升陆军元帅。德皇选择他出任总司令一职，可见他对侵华之役有多么重视。

就在瓦德西紧张筹备启程之时，北京沦陷的消息于 8 月 18 日传至德国。对此，德皇和瓦德西都有点失望，但闻知慈禧太后和光绪皇帝已经逃走，又"甚觉可喜"，因为这样一来，列强就不可能马上与中国达成和约，使德国失去勒索的机会。德皇虽然不赞成瓜分中国，但他的目的是"要求中国赔款，务到最高限度"，因为他"急需此款，以制造战舰"。所以，尽管北京已被占领，瓦德西仍认为"我们在中国方面应做之事，尚有很多"。

8 月 22 日夜，瓦德西率司令部成员在意大利的那不勒斯港乘"萨克森"号轮船出发，9 月 18 日抵香港，9 月 21 日到上海。9 月 27 日，瓦德西一行抵达天津。因大沽港浅码头短，联军起卸货物多有不便，瓦德西便决定在适当时候占领山海关，因为山海关水深，冬季不全结冰。瓦德西甫到中国，考虑的不是如何尽快结束战争，而是要进一步扩大战争。他派人与各国在大沽的指挥官接洽，获各指挥官同意。7 月 30 日，中国军队退出山海关。联军兵不血刃占据了这个重要关隘。瓦德西以"顾全联军利益"的名义，决定由各国共同据守山海关和火车站，并委任英军担任山海关第一要塞总司令，由俄军控制山海关至塘沽的铁路。德国海军还占领了秦皇岛，让联军共用秦皇岛港。

瓦德西抵天津时，侵华德军已达 3 万余人，德国遂成为侵华主力。瓦德西坚决拒绝和谈建议，企图通过进一步的战争行动为德国争得更大的发言权。

攻下山海关后，瓦德西决定攻占保定，因为他觉得对华人必须显示他的"威权，以及应用此项威权之决心"。10月12日，瓦德西下令联军分两路会攻保定，一路由北京南下，一路由天津西向。据报保定附近聚有大批拳民，瓦德西乃指示联军，"凡逢我军所到之处，均应尽力搜捕拳民，捕到之后，立即枪毙"，真是凶残至极。

10月17日，瓦德西率部进入北京，在中南海驻扎下来，建起了司令部。

10月18日，联军攻占保定。因清政府一意求和，保定守军3万余人相率撤离。原驻扎保定的清廷大员荣禄，也带着武卫军逃往山西。当先行的法军到达保定城下时，直隶布政使廷雍竟然率领城中官绅开门迎接，可谓无耻之尤。因保定曾发生过杀死传教士和教民之事，加上联军在监狱中发现了一些被囚禁的传教士和教民，侵略者即以纵容义和团杀害教士的罪名，将廷雍及保定守尉奎恒、参将占魁3人枪毙，并枭首示众。

瓦德西的目的是把直隶全境的义和团和清军完全驱赶出去，使清政府在谈判桌上无任何讨价还价的余地。1900年11月，瓦德西命德军上校约克（Yorck）率德、意联军从北京出发，向北出击，攻占居庸关和张家口。他们在途中凡遇到有义和团的村庄，都放火焚烧。他们占领张家口后又四处抢掠骚扰，遭到义和团抗击，约克上校被击毙。

瓦德西还策划了一系列侵略行动。侵略军在保定兵分三路：一路是英、德联军，他们北上新城，经涞水、易州攻下晋北要隘紫荆关，然后攻占浮图峪、广昌，进据灵丘；一路由德军西取唐县、曲阳、阜平，占据安子岭、龙泉关、长城岭、铜钺沟，进而北犯佛教圣地五台山；另一路由德、法联军南侵新乐、正定，兵临获鹿。1901 年 4 月，德、法联军又从获鹿西取井陉，并进而占领娘子关和固关。

瓦德西奉行的强硬政策引起了英、美、俄等国的激烈批评，甚至有文章对他个人大加攻击。这反映了列强之间的矛盾和对华政策的歧异。瓦德西惯用的伎俩是派军队攻城略地和危言恫吓。他曾以毁紫禁城、拆城墙等语威胁李鸿章等议和代表。瓦德西在日记中记载，他在北京常听人说，"联军撤退 2 万或 3 万，其实都无重要关系，只要统帅本人尚留此间"，中国人就不会"放肆起来"。这种说法虽属夸大之词，但从一个侧面反映出瓦德西在八国联军侵华的第二阶段所扮演的角色是非常重要的。

5　《德英协定》

德国政府在 1900 年 6 月确定对华政策若干条。其中一条是："恢复混乱以前的状况，列强间共同要求中国政府对将来和平及尽可能地对维持门户开放之原则作一共同的保证。"所以，当 7 月下旬英国首相索尔兹伯里表示希望由英国单独在长江流域采取军事行动时，德国立即加以反对。英国此举意在乘华北战局紧张之时把长江流域作为独占的势力范围。德国则深知长江流域存在着巨大的经济价值，遂借"门户开放"原则与其他列强联合反对英国的图谋。7月27日，德国外交副大臣德林达尔说："扬子江问题是当前的中心问题。既然我们在最近的将来没有独占扬子江流域的希望，我们的任务至少应阻止英国的独占。因此，在这点上，我们要与那些主张扬子江流域自由开放的列强站在一边。"德皇还提议由各国军舰共同监视长江上的中国军舰，并保护上海租界，得到了各国的响应。当英军在上海登陆后，德国、法国、日本也派军队进驻上海，使英国的图谋未能得逞。

8月22日，德皇在接见到访的英国王储威尔士（Willes）亲王时说："扬子江流域在平等条件下对各国开放，不论对英国或德国，都是政治上必须的原则。"英国为了对付其他列强的反对，并防止德、俄联合，便力图与德国妥协，表示愿与德国签订一个关于扬子江的协定。双方代表经过一个多月的磋商，于10月16日以换文形式签订了《德英协定》，主要内容如下：

（1）中国之江河及沿海各口岸，对各国贸易及其他合法经济活动均自由开放，两国政府在其势力所能及的情况下，对于中国一切领土均应遵守此项原则。

（2）德英两国政府不得利用现时之纷扰在中国获得任何领土利益，应奉行维持中国领土现状的政策。

（3）第三国如欲在中国获得领土利益时，缔约国应采取一致步骤。

（4）两国政府应将本协定通知奥、法、意、日、俄、美等列强，请它们接受本协定采取的原则。

这个协定是列强，特别是德、英两国争夺长江流域的产物，德国借此达到了保持长江流域门户开放的目的。

6 拖延和谈

德国为达到其各项侵华目标，除以外交手段使瓦德西担任联军总司令外，另一项手段就是极力拖延和谈。

早在1900年8月7日联军占据北京以前，慈禧太后就已另作打算，任命时任两广总督的李鸿章为议和全权代表，要他北上议和。李鸿章离粤行至上海，即驻足观望。9月初，西逃途中的慈禧太后又加派庆亲王奕劻为议和全权代表，令他返京议和。

列强占领北京后，在和战问题上产生了矛盾。沙俄已派兵占领中国东北，所以希望尽快撤兵议和，以讨好清政府，掩盖其侵占东北的恶行。8月25日，俄国政府训令各驻外使节通知各国政府，俄国"拟将其公使四等文官格尔思及所有使馆人员召至天津，俄国军队将伴送他们到上述地点"。其意是要其他列强也把使馆人员和军队撤往天津。对于俄国的这项照会，其他列强均表示反对，野心勃勃的德皇威廉更是大为恼火，他坚持"在瓦德西到达之前，军队必须绝对占领北京"。

德国政府对李鸿章充任议和代表也大为不满，认为他的"人格不能得到信任",希望"俄国不要让李鸿章混过来而给我们为我们被戕公使复仇的任务增加困难"。德国还图谋扣留李鸿章作人质。

9月初,德国外交副大臣李福芬(Reffen)把扣留李鸿章的意图向德国新任驻华公使穆默作了传达,要他与远东舰队司令裴德满及霍夫纳(Hoffner)将军商议具体办法。

9月7日,因传闻俄国将派一艘战舰保护李鸿章北上议和,穆默马上向俄国公使表明德国的立场:"坚决反对李氏登陆。"

裴德满则认为,如李鸿章乘中国船,无外国船只护送,或由中国战舰护送,则很容易扣留他。如他在某外国船只护送下北上,"一场决斗将会成为逮捕李的先决条件",因此有可能和护送李的国家发生军事冲突。如果李搭乘外国商船北上,也可以和平方式扣留他。裴德满要把李当做一名战俘,扣押在青岛。

无疑,扣留李鸿章有可能与俄国发生军事冲突,德国政府不愿冒此风险,所以被迫放弃了扣留李鸿章以阻挠议和的打算,转而采取其他方式。

9月15日,外交大臣布洛夫上奏德皇,献计阻止其他列强在瓦德西到达北京以前与中国开始谈判。他认为最有效的方法是德国提出开始谈判的先决条件,即"惩办真正的祸首",如端王、荣禄、董福祥等大臣。他认为中国肯定会拒绝交出荣禄、董福祥等人物,而会牺牲几个无关紧要的人来敷衍塞责。这样一来,就会使德国赢得时间。而且,由于德国公使在北京被害，其他各国政府难以峻拒德国此项要求。

德皇威廉非常赞成此项建议，下令将其转发给德国驻各国公使，由他们向各国通报。英、美、俄、日等国都有尽早缔约撤兵之意，所以对德国的建议均持保留态度，希望惩办祸首的要求不要影响到和谈。尽管如此，德国还是达到了目的，首先是和谈没有开始，其次是清廷于 9 月 25 日颁布谕旨，罢免了包括端王在内的 6 名大臣的官职。

10 月 1 日，德国又向列强建议，由各国驻华外交代表审查清廷上谕所开列的受惩罚官员是否有遗漏，对他们的处分是否适当。德国的目的仍是在这个问题上继续纠缠，从而拖延谈判的开始。

但是德国毕竟不能一手遮天，左右局势。10 月 4 日，各国政府收到了法国政府的六点议和建议：①严惩由各国代表指定的主要祸首；②禁止输入军火；③对国家、社团和个人进行合理赔偿；④北京使馆永久驻兵；⑤拆毁大沽炮台；⑥天津至北京间择二三处加以军事占领，以保证北京至沿海的交通畅通无阻。

各国政府基本同意上述六点建议，并训令本国驻华公使以此为基础开始谈判。至于中国方面，全权代表李鸿章和奕劻曾在 10 月 15 日致公使团的照会中主动提出议和大纲五条：①保证嗣后不再有围攻使馆之事；②赔款；③修改商约；④收回葡署；⑤停战撤兵。但这些建议未受到列强重视。

从 10 月中旬开始，驻京公使们连续召开会议，以法国的六点建议为基础展开讨论，确定具体的议和条款。经过反复的争吵和妥协，英、俄、德、法、美、日、意、奥以及比利时、西班牙、荷兰等11国商定《议和大纲》十二条，于12月24日正式递交给中国全权代表奕劻。第二天，《议和大纲》并奕劻和李鸿章的奏章电达逃至西安的光绪帝和慈禧太后处。军机大臣们针对《议和大纲》十二条相应提出了十二条修改意见，要全权代表与外国公使进行磋商，但军机处的电报于26日刚刚发出，27日慈禧太后即沉不住气，颁发了"所有十二条大纲，应即照允"的谕旨。这道上谕后来加盖御宝，作为同文照会的附件，分送各国使馆。至此，北京议和谈判的第一个阶段宣告结束，清政府因急于议和，连磋商修改的权利都放弃了。

7 签订《辛丑条约》

《议和大纲》获得清廷同意以后，各国代表就条约具体内容进行了半年多的磋商，其争论的焦点是"惩凶"和赔款。德国在这两个问题上都表现得较为活跃，其要求最为苛刻。

关于惩凶，俄、美、日、法主张免去"懿亲"死刑，但德国和英国主张"处端王、庄王、载澜、英年、刚毅、赵舒翘、董福祥、毓贤及各国代表日后将指出的人以死刑"。英国后来改变态度，同意了美国公使的折中意见，即把"死刑"改为"适于他们罪行的最严厉的处分"。在此情况下，德国公使穆默认识到，"如果我长远地反对下去亦没有意义"，也转而表示赞成。

妥协的结果是，端王载漪和辅国公载澜都被定为死刑，但皇帝可酌情宣布减刑，将他们流放到新疆，永远圈禁。如他们胆敢回到北京，就立即处死。其余被指定为祸首的王公大臣，由清政府以各种方式处死，不得有误。各国公使威胁清政府，如不按要求惩办祸首，中国将有更大祸患。瓦德西则积极配合，实行军事恐吓，下令各国军队从速准备于2月底进攻山西。4天后，清政府被迫屈服，根据各国的处分意见发布上谕，判处庄王载勋自尽；刚毅斩立决，因病故免议；毓贤正法；英年、赵舒翘定斩监候，令自尽；启秀、徐承煜正法；徐桐、李秉衡定斩监候，因自尽身故，革职，撤销恤典；董福祥革职降调，完全满足了列强惩办首祸大臣的要求。

"惩凶"问题解决后，赔款之事便成为列强争执的主要问题。

德皇派瓦德西来华的一个重要目的就是要向中国勒索巨额赔款。各国公使在讨论中国应付赔款总额时，大都主张不超过15亿马克，但德国公使穆默则提出应付20亿马克（约合银7亿两）。这个天文数字显然大大超出了中国所能承受的范围。为了解决赔款问题，首先得了解中国的偿付能力，公使团为此推举美、德、荷、比四国公使为调查委员，负责确定"赔偿标准"。他们参考英、法、日提出的意见书，拟订赔偿应以直接损失为限的原则以及赔偿项目、范围等，然后又推举英、德、日、法四国公使组成中国财政调查委员会，调查中国财政情况，确定赔款总数。当时清政府年收入为 8000 余万两银子，尚有 1000 余万两的缺额。尽管如此，财政调查委员会还是主要依据总税务司赫德（Robert Hart）提供的数字提出报告书，认为中国能够负担 4.5 亿两银子的赔款，并主张把抵押债务后的海关税余额、常关税、盐税以及关税提高到切实值百抽五的程度作为赔偿专款。

总额确定后，各国提出具体数目，其中俄、德两国最为贪婪。俄国提出 1.3 亿两银子的数额。德国原打算索取"远征军"费用 3 亿马克，此时骤增至 4 亿马克，而据德国方面估计，到 1901 年夏季为止，德国所支出的军费只有 2 亿到 2.5 亿马克。其他各国提出的数目也远远超过了实际支出的费用。中国当时已成列强砧板上的鱼肉，任列强宰割而已。

各国赔款数字确定后，要求清政府接受并提出具体偿付办法，同时威胁说，4.5 亿两的数目只到 7 月 1 日止，过期不订条约还要另加费用。唯列强马首是瞻的李鸿章在给西安的电报中说，"赔款以速定为妙"。5 月 16 日，清廷发布谕旨说，"各国赔款四百五十兆，四厘息，应准照办"。

关于中国支付赔款的方式，德国起初支持俄国的主张，要中国一次付清赔款，"一了百了"，免得以后长期纠缠不清。但英、美反对由列强共同作保，替清政府筹借外债以一次付清赔款。英国提出由中国发行债券，分年摊还的偿付办法，得到其他列强的赞同，德、俄只好改变初衷。

在议和条款大体确定下来并被清政府接受后，德国于 5 月 30 日宣布将从中国召回瓦德西和部分德军。6 月 3 日，瓦德西离开北京，次日，由天津取道日本返国。

1901 年 9 月 7 日，奕劻和李鸿章代表清政府，与德、俄、英、法、美、日、意、奥、比、荷、西 11 国代表在北京签订《辛丑条约》。代表德国签字的是驻华公使穆默。条约除正约 12 款外，还有 19 个附件，其主要内容为：

（1）中国向各国赔款 4.5 亿两银子，年息 4 厘，分 39 年还清。其中德国所占份额为 90070515 两，仅次于俄国（130371120 两），居第二位。如加上每年的利息，德国将总共获得 196601546.72 两。尤为苛刻的是，德国一度还要中国按金马克计付赔款，企图借金马克与银价的差额再额外榨取一笔不义之财。后因清政府多次交涉，英国等也提出异议，德国才放弃这种企图。

（2）北京设使馆区，由外交团管理，界内不准中国人居住，使馆区驻军队守卫。

（3）拆毁大沽炮台，北京至山海关铁路沿线驻军。条约规定，大沽炮台及北京到海口工事"一律削平"，北京至山海关铁路沿线 12 处驻扎外国军队。具体分配如下：黄村（意大利军），廊坊、杨村（德军），军粮城、塘沽（法军），芦台、唐山（英军），滦州、昌黎（日军），山海关、秦皇岛、天津（各国联军）。

（4）清政府负责镇压国内的反帝斗争。条约永远禁止中国人民成立或者加入具有反帝性质的各种组织，违者一律处死；对一切反帝活动，各级地方官员应负责弹压，镇压不力者应予革职。

（5）改总理衙门为外务部，"班列六部之首"，提高外务部的地位和办事效率。

（6）修订新的商约，以利于列强进一步扩大对中国的经济侵略。

《辛丑条约》的签订使帝国主义列强进一步加强了对中国的政治和经济控制。它是外来侵略势力对摇摇欲坠的清王朝的最后一次强力打击。德国借这个机会在中国捞取了不少政治和经济利益，形成中德关系史上德国侵华的一次高潮，给中华民族带来了空前深重的灾难。

七　两国关系的中断与恢复

与清王朝的最后几次交涉

《辛丑条约》签订之后，清王朝步入最后的 10 年，国内民族矛盾和阶级矛盾日趋激化，上层的改革和下层的革命都在紧锣密鼓地进行。中外之间的斗争主要集中在路矿权和借款方面。在这种复杂的环境当中，中德关系也经历了王朝末的变迁。

从 1902 年初到 1904 年末，商税事务大臣盛宣怀和前驻德公使吕海寰代表清政府先后与英、美、日、葡四国订立了新的通商条约。此事源于《辛丑条约》，该约第十一款规定："大清国国家允定，将通商行船各条约内诸国视为应行商改之处，及有关通商各地事宜，均行商议，以期妥善简易。"修订商约是条约赋予列强的权利，德国自然不甘落后。

1905 年 4 月中旬，德国代表克纳贝（W. Knappe）在上海向吕海寰等提出商约草案及续议内港行轮修改章程草案，对中英、中美新商约中的一些条款作了较大更动，企图获得更多的侵略权益。10 月，中德双方代表在上海进行谈判。清政府对裁厘加税之事极为重视，而且此事在中英等新商约中已获解决，但是德国对此不予认可，认为"应由中国会同各国公订办法"，意在另立新章。对德方的无理取闹，清政府代表明确指出："凡是已经允给各国的，都可以给德国；反之，凡是已经拒绝别人的，也不能给德国。"但是，德国方面则认为："德国根据最惠国待遇条款，已经可以享有其他国家所得到的一切权利，如果中国不能在条约内给德国以新的东西，那么这条约对于德国就毫无用处，德国何必要去订它。"19世纪末20世纪初，德国在华势力已比较强大，其对华政策已由最初的追随英、法等国变为处处与英、法等国分庭抗礼了。因此，德国追求在商约中得到英、美诸国未曾得到的新权利，以显示其在华的重要地位。清政府深知如果退让，其他列强又会乘机索要，故未应允德方贪得无厌的要求，结果双方不欢而散。直至清王朝覆灭，双方仍未签订新商约。

德国虽然在新商约方面未如所愿，但在铁路承建权和借款权方面却实现了其追求的目标。

1899年，德、英二国曾合谋取得津镇铁路路权。后来，该线南端终点改为浦口，遂改称津浦线。由于八国联军侵华，津浦线的各项准备工作受影响而停顿。《辛丑条约》签订之后，德、英两国即要求清政府"速行商妥"津浦路借款合同。清廷任命袁世凯为督办津浦路大臣，授以同德、英两国银行订立详细借款合同之权。然而，江苏、山东、河北三省民众反对将路权授予外国人，坚决要求筹款自办，迫使清政府中止了该路的借款交涉。

1907 年，袁世凯提出种种理由，建议重开津浦路借款谈判。清政府为避免触犯众怒，以"造路、借款分为两回事"的折中办法，同德、英达成了协议。1908 年 1 月 13 日，外务部右侍郎梁敦彦同德华银行和英商华中铁路公司的代表在北京签订《天津浦口铁路借款合同》。合同规定中国向德、英借款 500 万英镑，用以建筑津浦路。其中德国占 63%，英国占 37%。中国以山东、江苏、河北三省厘金作为借款担保。合同还规定中国须聘用德、英总工程师各一人。

在此期间，德国还对川汉和粤汉铁路借款权进行了争夺。自 1905 年起，湖北、湖南、广东和四川绅民积极筹资修建川汉和粤汉铁路，同时，外国资本也在积极活动，企图介入进来。1908 年 6 月，清廷因民间集资修路久不见效，有意收归官办、借外资筑路。不久，清廷派张之洞为督办粤汉铁路大臣，负责该路的各项事务。张之洞先向英国表示愿借英款，但英方代表"于开议后要挟多端"，难以谈拢，张之洞便转向德国借款。德国早有插足华中铁路之意，双方一拍即合，于 1909 年 3 月 7 日签订了中德《湖广铁路借款草约》，规定德国为该路提供 300 万英镑借款。

英国对此大为不满，强烈要求重议借款，同时吸收法国汇理银行参加，以牵制德国，并迫使德国作了让步。5 月 14 日，三国达成协议，把借款范围扩大，并把原定的 300 万英镑增加为 550 万英镑，其中英、法两国的借款供修建粤汉路两湖段，德国的借款供修建川汉路湖北段。借款利息为 5 厘，九五折扣，期限 25 年。

7 月 6 日，中英公司、华中铁路公司、东方汇理银行和德华铁路公司的代表，在伦敦签订了一项新协议，正式结为三国银行团。这是三国加强在华合作的一项新举措。协议规定，协议三方将在中国共同承担和平均分配有中国政府担保而在外国进行的所有铁路借款，并规定了其他有关事务。

美国亦想参与此项借款，对英、德、法三国政府提出以"充分而坦率的合作"来"维持中国的门户开放和完整"，为此，需"组织一个强有力的美、英、法、德财团"。三国银行团不予理会，美国便向清政府施加压力，迫使清政府首先接受其要求，然后与三国银行团进行谈判。经过一年的交涉，英、德、法、美四国财团的代表在巴黎签订了一项协议，三国财团正式接纳美国银行团参加湖广铁路借款，将借款总额定为 600 万英镑，并就借款与购料的份额分配，总工程师的委任等问题达成了谅解。

不久，四国政府相继批准了四国财团在巴黎签订的协议。7 月 13 日，四国驻华公使向清政府外务部发出同文照会，要求正式订立借款合同。但是，由于湘、鄂、粤三省民众的激烈反对，清政府一直拖到 1911 年 5 月 20 日才与四国银行团的代表订立了《粤汉川汉铁路借款合同》，在总数 600 万英镑的借款中，德国占 1/4。

德国还与英、法、美三国于 1911 年 4 月 15 日同清政府订立了《币制实业借款合同》，确定借款总数为

1000万英镑，由英国汇丰银行、法国东方汇理银行、德国德华银行及美国银行团平均承担，利息5厘，九五折，期限45年，用以改革全国币制和发展东北三省实业。

《辛丑条约》签订后的10年，既是帝国主义加紧侵略中国的时期，又是中国国内改良运动和革命运动蓬勃发展的时期。随着帝国主义侵略的加深，中国人民反帝反清的意识进一步觉醒，最终形成轰轰烈烈的革命洪流，推翻了腐败的清王朝。中华民族的历史由此翻开了新的一页，中德关系史也随之进入了一个新的时期。

承认袁世凯政府

1911年10月10日夜，革命党人在武昌发动武装起义，敲响了清王朝的丧钟。革命军经过激战，先后控制了武昌、汉阳和汉口，成立了以黎元洪为都督的中华民国湖北军政府。在武昌首义的影响下，革命烈火在全国形成燎原之势，湖南、陕西、山西、江西、云南、贵州、浙江、江苏、广西、安徽、广东、福建、四川等省相继发生革命，宣布独立。1912年1月1日，以孙中山为临时大总统的中华民国临时政府在南京成立。2月12日，清帝宣布退位，清王朝的统治宣告结束。4月，袁世凯窃踞中华民国总统职位。在此天翻地覆的非常时期，德国的对华政策也经历了从"中立"到支持和承认袁世凯政府的变迁。

武昌首义爆发后，德国和其他帝国主义列强即给予严重关注，害怕革命党人在反清的同时打击外国在华侵略势力，损及列强在华权益。

10月12日，德国即将其在长江水面的"老虎"号、"祖国"号和"水獭"号等三艘战舰调至汉口。17日，这三艘德舰还曾向革命军开火。19日，德国舰队司令赶到汉口水面，与英、日舰队司令协调行动，派部分水兵和海军陆战队在汉口登陆，与各国汉口租界的外籍警察和义勇队，组成租界武装力量，以便在必要时干涉革命运动，确保其在华的侵略地位。

然而，革命党人在对外事务上处理得十分理智，列强没有找到直接出兵干涉革命运动的借口。10月12日，中华民国军政府鄂省都督黎元洪即照会各国驻汉口领事，明确宣布革命丝毫不带排外性质，并列举革命政权对外政策的七项原则，全部承认了帝国主义在华的侵略权益，包括承认清政府与各国缔结的条约继续有效，承认已有的赔款、外债应继续付还等。照会还对列强提出一些基本要求，希望列强不要帮清政府的忙。

正是由于上述原因，加上列强之间在全球范围内的矛盾和斗争日趋尖锐，德国和其他列强才未公然站在清政府一边，而是采取了中立政策，以静观事态的发展，等局势明朗后再做决策。为此，英、法、德、美四国银行团暂时停止向清政府提供财政援助。同样，当孙中山多方奔走为革命政府谋求借款时，四国银行团也予以拒绝。

　　随着革命形势的发展，列强希望蛰居河南彰德的袁世凯再度出山以稳定大局。1911 年 11 月 1 日，以庆亲王奕劻为首的皇族内阁辞职，清廷任命袁为内阁总理大臣，总揽军政大权。外国驻京公使认为事态会由此出现转机，共同致电袁，要他尽快进京，德国公使哈豪森（E. von Haxthausen）还亲往外务部"道贺"。12 月 7 日，哈豪森更致电德国外交部说："行动的时间已经到了，如果列强不欲担负使北京政府瘫痪的后果。袁世凯必须得到支持，因为只有他是稳定的保障。"

　　袁世凯历来就是一个见风使舵的投机分子。他出山以后对革命派采取了军事手段和政治手段双管齐下的政策，一方面派大军攻占汉口和汉阳，另一方面鉴于不可逆转的革命形势，又通过英国公使朱尔典（John Newell Jordan）和英国驻汉口总领事葛福（Herbert Goffe）与黎元洪达成停战协议，谋求和平解决办法。这种与革命派妥协的政策符合英、德等列强的在华利益，更得到了它们的支持。革命党人为尽快达成建立共和的目标，议定如袁站到革命派一边，可公举他为临时大总统。基于上述共同点，南北双方于12 月开始谈判。谈判期间，德国驻上海总领事卜利（Paul Buri）与英、法、美、日、俄总领事一起向北方代表唐绍仪和南方代表伍廷芳递交同文照会，认为"中国目前的战争如果继续下去，不惟使中国自身，抑且使外国人的物质利益与安全，受到严重的危险"，所以，双方代表"必须尽可能迅速地达成足以停止目前冲突的协议"。

2月12日，袁世凯迫使清帝下诏退位。2月15日，南京临时参议院改选袁世凯为临时大总统。袁在北京组成临时政府后，首先谋求列强对中华民国的承认。

然而当时列强认为承认民国的时机尚不成熟，英、俄、日等国更打算提出苛刻条件作为交换。尽管动机各异，列强均赞成在这个问题上结成联合阵线，采取一致行动。德国亦不例外。当中国当局向德方交涉尽早解决承认问题时，德国则以"一贯赞成列强在中国问题上共同行动"为由加以拖延。

与此同时，德国等列强却在借款问题上与袁世凯讨价还价，刻意索要。

袁世凯出任临时大总统以后，即以处理全国"善后"问题为名向外国要求借款。这给外国资本又提供了一个争权夺利的机会。1912年2月29日，袁世凯派唐绍仪出面，向德、英、法、美四国银行团提出一项庞大的垫款和借款计划，主要内容如下：①3月份北京政府需款300万两；②4、5、6三个月，可能还有7、8两个月，每月需款640万两；③为偿还这些垫款，中国希望7月份完成一笔6000万英镑的善后大借款（5年内每年使用1200万英镑，以盐税作为担保）；④上述各月垫款，中国以金镑国库债券抵付，以盐税作保，再从善后大借款中赎还金镑国库债券。此后，四国银行团分四次向中国提供垫款，分别为：3月9日110万两，5月17日300万两，6月12日300万两，6月18日300万两。为了监督垫款的使用，四国银行团迫使袁政府同意设立核计处，由双方分别聘用核计员一人，以审核垫款用途。随后四国银行团指派德国人龙伯（Lampe）为洋核计员。

6月，俄、日两国财团加入四国银行团，国际银行团扩大成为六国银行团。6月24日，六国驻华代表向北京政府财政总长熊希龄提出了苛刻的借款条件。袁世凯慑于国内舆论的压力，拒绝接受，使借款谈判一度中断。后来，六国与袁世凯政府各作了一些让步，谈判才于12月底恢复。但六国之间在许多问题上明争暗斗，谈判进展缓慢。1913年3月4日，美国新总统威尔逊宣誓就任，鉴于借款条件未给美国带来实质性的好处，于18日宣布撤销对美国财团参加国际银行团的支持，美国财团随即退出银行团。4月26日，五国银行团与袁世凯政府签订了总额为2500万英镑的善后借款合同。

威尔逊上任以后，从美国自身利益出发，决定不顾其他国家的反对，承认袁政府。美国向各国政府宣布，美国将于4月8日中国国会开会之日承认民国政府。日本政府反对美国这么做，并商请德国政府共同向美国提出质疑。但是，德国外交大臣雅哥（Jagau）认为，美国单独承认民国政府将使其在华威信提高，对德国不利，他向德皇建议，如果袁世凯在国会选举中以大多数选票当选，德国即承认中华民国。雅哥并致电德国驻东京大使雷克司，希望日本政府采取同样的行动。德国政府还告诉驻华公使哈豪森，德国将在承认中华民国的问题上单独采取行动。

由于国内的种种矛盾，袁世凯政府推迟了总统选举。尽管如此，美国仍然于 5 月 2 日向袁政府递交了承认书。5 月 14 日，德国政府训令哈豪森："倘使个别国家，特别是英国，于总统选举前，进行承认，请阁下也立刻同样地表示承认。"虽然德国没有步美国后尘承认袁政府，但其立场的转变毕竟使列强的联合阵线产生了分裂，使其他国家感到不能再无限期地拖延下去了。

1913 年 10 月 6 日，袁世凯唆使军警强迫国会选举他为正式大总统。事前，袁已与列强达成秘密谅解，袁还按列强要求拟定了对外政策演说稿。6 日，他将演说稿秘密地照知德国公使和其他各国驻华使节："本大总统声明，所有前清政府及中华民国临时政府与各外国政府所订条约、协约、公约，必应恪守，及前政府与外国公司所订之正当契约，亦当恪守。又各外国人民在中国按国际契约及国内法律，并各项成案成例已享之权利并特权、豁免各事，亦切实承认，以联交谊，而保和平。"同一天，德国驻华代理公使司艮德与英、法等 13 国的使节，向北京政府外交部递交同文照会，正式承认了中华民国。

3 德、日山东之战

德国承认中华民国的第二年（1914 年）8 月，第一次世界大战爆发，远东形势及中德关系随之发生了极大的变化。战争主要在以英、法、俄为主的协约国和以德、意、奥为主的同盟国之间进行。中国是列强竞相争夺之地，自然会受到战争的影响。袁世凯政府担心战火蔓延到中国，于8月6日公布《局外中立条规》24条，正式宣布"中立"，同时向美、日两国建议共同出面要求交战国"限制战区，保全东方"，使"战祸不至及于东方"。

但是袁政府的良好愿望却被日本帝国主义对山东德军的进攻粉碎了。新崛起的帝国主义国家日本早就图谋加强其在远东，特别是在中国的地位。第一次世界大战的爆发使日本政府欣喜若狂，认为这是天赐良机。日本认定协约国方面占有军事优势，决定借英日同盟名义加入协约国一方，对德宣战，出兵我国山东，扩张其在华势力。

8月8日，日本首相大隈重信接见中国公使陆宗舆，反对中、日、美联合"保全东方"，声称："日以英国同盟关系，如东方有战，日本不能中立。"在日本的压力下，中国被迫撤销原议。

德国对远东鞭长莫及，大战爆发后力图避免在远东与敌国交战。德国驻华代办马尔参（Adolf G. Maltzan）曾建议德国外交部，同意胶州湾及汉口和天津德租界中立。德国还向北京政府提出照会，要求中国"禁止外国军队经过中国中立之领土"。

8月15日，日本向德国提出最后通牒，提出两个劝告条件：①德国军舰立即从日本海和中国海撤退或解除武装；②9月15日以前将胶州租借地全部无条件交给日本，以备将来归还中国，限8月23日正午前答复。

8月16日，德国驻华代办马尔参向中国外交部表示愿归还青岛及胶济铁路。中国政府一边与马尔参进一步谈判，一边于18日命驻德公使颜惠庆商劝德国政府交还胶州湾，但遭到德国政府的拒绝，因为归还胶州湾并非德国政府之意，而是马尔参和部分在华德侨的心愿。另外，中德间的交涉遭到了日本的强烈反对。袁世凯转而向美国求助，希望美国代收胶州湾，又遭美国拒绝。万般无奈，中国政府只得认可日本的最后通牒。

十几年来，德国对青岛锐意经营，使之成了德国在海外的"模范殖民地"。战争爆发时，德国在青岛驻有正规军3500人，有装甲巡洋舰2艘、轻巡洋舰3艘，还有几艘运输船舰，1架"陶伯"式飞机，3名飞行员。德军虽然毫无优势可言，但也不愿束手投降，故未理睬日本的最后通牒。

8月23日，日本打着"英日同盟"的旗号正式对德宣战。日、英联军（主要是日军）占绝对优势，有陆军5万人，飞机9架，还有相当可观的海军。

9月2日，日军2万人在龙口等地登陆。此前中国政府曾划定交战区，日军在不属交战区的龙口登陆，破坏了中国的中立。尤为荒唐的是，日军登陆后不南下进攻青岛，反而挥师沿胶济铁路西进，攻下潍县车站和济南车站，控制了胶济全线。日本借机侵略中国的狼子野心由此彻底暴露出来。

9月23日，英1500人在青岛附近的崂山登陆。10月底，日、英联军会攻青岛。11月7日，青岛德军竖白旗投降，10日日军正式接收青岛，德国在山东的一切权益和实业均为日本所得。不久，英军撤退，日军却摆出长驻的架势。日本舆论亦鼓吹，原来所作要归还胶州湾给中国的诺言，"已由德人拒绝而无效"，"胶州可视为战利品，毋庸归还中国"等。日本政府也准备自食其言。对中国而言，真可谓去了虎，来了狼。

4 绝交与宣战

山东之战虽以德军失败投降告终，但因中国未出兵作战，中德关系未发生实质变化，中国对德庚子赔款仍在照常支付。鉴于中国地广人众，资源丰富，英、法、俄和德、奥两大集团都有意将中国拉入自己阵营，以壮声势。中国方面倾向于加入协约国阵营。

1915 年 11 月，袁世凯政府曾就中国参战的条件与英、法、俄等国代表秘密磋商。袁的英籍顾问莫里循（George E. Morrison）在一份备忘录中把中国参战的理由归纳为 12 条，其中包括：中国将同英、俄、法、日各大强国结成联盟；各大强国保证使针对中国的侵略行动不再发生；中国将在战后和平会议上得到一个席位；中国将为盟国生产和供应军火及军用物资，从而换取大量钱财；中国将在实行帝制问题上得到盟国的支持；各国将赞助中国增加关税，解决蒙古问题和西藏问题；支持中国收回天津德、奥租界和汉口德租界；中国将永远停付对德庚子赔款，余额尚高达1.5525 亿元以上。如果中国真能以上述条件为前提加入协约国一方对德备战，则对中国有利而无害。然而，日本正在处心积虑地乘列强顾及不到远东之时扩大其在华的侵略权益，增强其在华的霸权地位，所以坚决反对中国参战，因为中国参战后，理论上与协约各国就平起平坐了，日本就难以明目张胆地施展其侵略手段了。

1917 年初，远东的局势和中国的内政外交都发生了重大变化。首先，日本经过长时间的努力，于 1917年 2 月和 3 月间与英、法、俄达成密约，三国答应战后支持日本继承德国在山东的一切权利。这消除了日本在中国参战问题上的顾虑，使日本对中国参战问题的态度发生了 180°的大转弯。其次，袁世凯一命归天后，副总统黎元洪继任总统，但实权却操在北洋实力派人物国务总理段祺瑞手中，双方积不相能，在一系列问题上明争暗斗，出现了总统府和国务院之间的"府院之争"。对德绝交和参战问题成为"府院之争"的焦点。再次，段祺瑞仰仗日本，黎元洪依靠美国，使中国国内的政争变得异常复杂。

1917 年 2 月 1 日，德国为摆脱战场上的困境，实行"无限制潜艇战"，宣布将击沉一切驶往协约国口岸的中立国船只。这种违犯国际法的做法引起各中立国的不满。美国率先于 2 月 3 日与德国断绝外交关系，并呼吁中国等中立国采取一致行动。美国公使芮恩施（Paul S. Reinsch）也积极游说，鼓动中国对德采取行动。黎元洪依赖美国，对美国的倡议表示响应，段祺瑞则欲乘参战机会加强北洋派实力，实现其武力统一中国的愿望，加上日本支持，所以态度更为积极。府院之间初次达成共识。

2月9日，中国外交部照会德国公使辛慈（Paul von Hintze），抗议德国实行无限制潜艇战。照会最后称，中国"迫于必不得已，势将与贵国断绝现有之外交关系"。2月19日，德国政府复照中国驻德公使颜惠庆，拒绝中国的抗议，两国关系日趋紧张。

3月1日，法国船只"亚多斯"号被德国潜艇击沉，船上500余名华工浮尸大海，成为战争的牺牲品。3月3日，段祺瑞主持内阁会议通过对德绝交案。第二天，当段兴冲冲地率全体阁员赴总统府请黎元洪在对德绝交咨文上盖印时，却遭到了黎的拒绝。黎出尔反尔，使段大为恼火，当天便乘火车出走天津，连副总统冯国璋赶到车站苦劝亦无济于事。这是怎么回事呢？原来黎的靠山美国对中国参战问题的态度发生了变化，黎也不愿诸事都由段主持，所以改变了态度。

由于北洋军阀各部纷纷打电报支持段祺瑞，黎元洪怕事情闹大，不可收拾，表示不再干涉外交事务，段才在冯国璋的劝说下从天津返回。黎段关于对德问题的第一次交锋，段占了上风。

3月10日，中国商船"丰盛"号在南洋海面被德国潜艇击沉，这无异于德国已向中国开战。在段祺瑞的努力下，众议院和参议院分别于10日下午和12日通过对德绝交案。

之后，段祺瑞召开国务院特别会议，讨论中德关系问题：①发表与德绝交公告；②接收天津、汉口德租界；③护送德国公使、领事出境；④设法保护在德华侨等，完成了对德绝交的准备工作。

3 月 14 日，中国政府正式宣布与德国绝交，并训令中国驻德公使颜惠庆下旗回国。绝交后，中国在德利益由丹麦代表，德国在华利益由荷兰代表。

3 月 15 日，汉口交涉员及汉口警察厅官员根据内务部的命令，率领 200 多名警察进入汉口德租界，接收该租界的警察权，同汉口德国领事办理了接收手续。

3 月 16 日，天津警察厅长、天津交涉员等也根据内务部的命令，率领 300 名军警进入天津德租界，接收了该租界的行政管理权。这样，汉口和天津德租界回到了中国政府的管辖之下。3 月 28 日，内务部颁布《管理津汉德国租界暂行章程》，改二处德租界为特别区，各自设立临时管理局，管理区内的警察及一切行政事宜。荷兰曾向北京政府提出代管汉口、天津德租界的要求，遭到了北京政府的断然拒绝。

此外，中国政府还解除了中国境内的德军武装，收管了上海、厦门等处的德国商船，停付对德赔款和欠款。然而，中国政府并未为难在华德侨，在各地各部门服务的德国人一律留用，各地德国商人照常营业，传教士照常进行宗教活动。3 月 25 日德国公使辛慈下旗回国时，黎元洪还赠给他许多珍贵礼物。3 月 27 日辛慈到上海时，上海官方还派人到火车站迎接，士兵举枪致敬，一切都与未绝交以前一样。

中国方面还于 3 月 31 日颁布《审理德人刑事诉讼暂行章程》，规定德人如触犯《章程》所列中国刑律各条之罪，应由中国法庭审理；除此之外所有德国人民刑事诉讼事件，由荷兰驻华领事代为审理，部分收回了德人享有的领事裁判权。

中国与德国关系的断绝、德国在华租界的收回、德国在华领事裁判权的废除等，在近代中国和列强关系史上是破天荒的大事。它初次改变了列强联合侵华的格局，利用列强间的战争和矛盾在列强侵华联合体上打开了一个缺口。

对德绝交后，段祺瑞积极准备对德宣战案。然而此时中国朝野反对宣战的气氛更加浓厚，各地人民团体、各军阀头目、各地商会纷纷通电表示反对。总统黎元洪受美国影响，认为只应做到绝交为止。国会中倾向黎元洪的议员和部分南方议员也反对宣战。段见各方压力颇大，就电召各省督军齐聚京城开会，说服督军团赞成对德宣战案，欲借军人之力压迫黎元洪和国会。在国会讨论宣战案时，段祺瑞指使手下组织京城贩夫走卒和部分军警组成所谓"公民请愿团"，围攻国会、殴打议员，旨在以流氓手段迫使国会通过宣战案。不料弄巧成拙，引起议员极大反感，全国舆论大哗。黎元洪乘机于 5 月 23 日发布命令免去段的总理职务，再次在北京政坛掀起巨波狂澜。之后，经过段祺瑞出走天津，辫子大帅张勋率辫子军赴京拥立溥仪复辟并挤走黎元洪，段祺瑞组织讨逆军赶走张勋等一系列重大政治事件，段祺瑞再次占据上风，掌了实权。继黎元洪之后出任代总统的冯国璋赞成对德宣战，国会已遭解散，国内的障碍基本消除了。

此时，日本和美国的意见趋于一致，英、法、俄等国则一再催促中国加入协约国一方，中国参战的外部条件成熟了。8月2日，段祺瑞主持国务会议通过对德宣战案，并把德国的主要盟国奥地利也包括在内。8月14日，中国政府正式发布对德、奥宣战公告，宣布"自中华民国六年8月14日上午10时起，对德国奥国宣告立于战争地位。所有以前我国与德奥两国订立之条约、合同、协约及其他国际条款、国际协议属于中德、中奥间之关系者，悉依据国际公法及惯例，一律废止"。另外还颁发了《处置敌国人民条规》、《保护敌国人民出境办法》、《俘虏收容所规则》、《处置敌国武器办法》等条例，对在华德国军人和商民的管理和出境等事项作出了相关的规定。中国还对在华德人经营的各行业进行了登记，其中，金融、军用品、新闻通讯社一律勒令停业，其他行业须重新核发执照，方可继续营业。

德华银行是德国在华最大的金融机构，段祺瑞政府在宣战当天即制定了接收德华银行办法，主要内容有：①停止该银行的营业活动；②没收德、奥政府在该行的存款；③由中国政府没收、保管该行所有财产；④德、奥国民在该行的存款不得提取；⑤华人与非敌国人民的存款，俟清理后由政府核准支付。中国政府还停止向德国支付历次借款本钱及利息，留待战后再加以解决。

中国虽然向德国宣战，段祺瑞还成立参战督办处，建立参战军，但限于国力及欧洲战场路途遥远，中国并无一兵一卒与德军直接交战。中国采取的措施主要是向协约国各战场提供粮食和劳工。当时，中国向协约国各战场输出 20 余万劳工。他们担负了挖工事、运送伤员和军用物资等战地工作，付出了艰辛的劳动和沉重的代价。

5 拒签对德和约

1918 年 11 月 11 日，德国无条件投降，协约国方面取得全面胜利。1919 年 1 月 18 日，战胜国在巴黎开始举行和平会议，处理善后事宜。中国属于战胜国，也派出代表团参加巴黎和会。代表团以北京政府外交总长陆征祥为团长，代表有驻美公使顾维钧、南方政府代表王正廷、驻英公使施肇基、驻比公使魏宸组。总统府专设一外交委员会，拟定代表团将向和会提出的方案，共分三大项：①关于领土完整，包括废除租借地和租界；②关于维护主权，包括废除外国驻华使馆卫队和京津间的驻军，废除领事裁判权；③关于经济和财政独立，主要是收回关税主权。至于要求日本归还其所获得的德国在山东的一切权利及胶澳租借地一事，中国方面想当然地认为日本不会自食其言，故未作认真准备。

巴黎和会是强权政治的典型例证。会议虽有 27 个国家的 70 名代表参加，但大小事宜皆决于美国总统威尔逊、英国首相劳合乔治、法国总理克里孟梭、意大利总理奥尔兰多 4 国首脑组成的"四人会"。他们从自身利益出发，不惜牺牲中国主权以迁就日本。

1917 年 1 月 27 日上午，日本代表牧野在"十人会"上以"战胜国权利"为依据，要求无条件让渡德

86

国在山东和太平洋赤道以北各岛屿的一切权利和财产，而只字不提归还胶州的诺言。这使毫无思想准备的中国代表团大为吃惊。他们经过紧急准备，推举素有辩才的顾维钧在第二天的会上与牧野展开辩论，以充分的理由驳倒了牧野的谬论，博得了许多国家的同情。

中国代表团还向大会提出了《中国要求胶奥租借地、胶济铁路暨德国所有他项关于山东省权利之直接归还说帖》，全面阐述了山东问题的前后经过和中国要求归还的理由。但是，日本以其与英、法等国立有密约为借口，以不在和约上签字和不参加国联相威胁，迫使英、法、美等大国作出让步，达到了侵略中国的目的。中国代表团曾提出让步方案，要求把德国在山东的权利暂交五国代管，和约签字之日起一年后归还中国，由中国出钱赎回，亦遭到了"四人会"的拒绝。中国虽为战胜国之一，但在和会上仍处于任人宰割的地位。29日，"四人会"收下日本起草的山东问题"特殊条款"，同意列入对德和约的第156、157和158条。这些条款详细列举了日本应自德国获得的有关胶州领土、胶济铁路、海底电线及其他德国投资项目的一切财产和权利，以及胶州领土内的各种档案、文件的移交日期。

1919年6月28日，《协约及参战各国对德和约》在巴黎凡尔赛宫正式签署。和约第4部第2编第128条至第134条对废除德国在华特权作了较详细的规定，主要内容有：①德国在1901年9月7日《辛丑条约》中所取得的一切权利均予取消，其要中国赔款的要求，自 1917 年 3 月 14 日起即视为无效；②天津和汉口德租界归还中国，界内的公产都拨归中国；③德国须将 1900～1901 年间在北京所掠取的天文仪器，在和约实行后 12 个月内一律送还中国；④中国自 1917 年 8 月 14 日对德宣战以后所没收、变卖或因战事而损伤的德人财产，德国不得索要赔偿；⑤德国在广州沙面所留公产归英国，在上海法租界内的学校及附属的公产归中、法两国。

巴黎和会上山东问题交涉失败的消息传至国内，引起各地民众极大愤慨。5 月 4 日，北京学生 3000 余人在天安门广场集合示威，掀起了轰轰烈烈的五四运动。全国各地要求拒签和约的通电雪片似地飞向巴黎，共达 7000 多封。在国内舆论的支持下，中国代表团最终未在对德和约上签字，从而使日本未能在山东问题上取得合法权利。

6 宣布终止对德战争状态

《巴黎和约》签署后，各签字国与德国间的战争状态即告结束。由于中国代表团未在和约上签字，故从法理上说，中德间的战争状态尚未终止。这种状况不利于两国关系的恢复和发展。中国代表团团长陆征祥从中德关系的长远前景出发，在 6 月 28 日拒签对德和约的当天，即在巴黎致电中国政府，提出由中国国会建议宣布终止中德战争状态，等建议案通过后，由大总统明令发表。

1919 年 7 月 23 日，大总统徐世昌根据陆征祥的建

议向众议院提交了《对德恢复和平案》的咨文。8 月 1
日和 2 日，众议院和参议院分别通过了这项提案。9 月
15 日，徐世昌以大总统名义颁发终止对德战争状态的
文告：

"我中华民国于六年 8 月 10 日宣告对德国立于战
争地位，主旨在乎拥护公法，维持人道，阻遏战祸，
促进和平。自加入战团以来，一切均与协约各国取同
一之态度。现在欧战告终，对德和约业经协约各国全
权委员于本年 6 月 28 日在巴黎签字，各国对德战争状
态即于是日告终。我国因约内关于山东之款未能赞
同，故拒绝签字；但其余各款，我国固与协约各国始
终一致，承认协约各国对德战争状态既已终了，我国
为协约国之一，对德地位当然相同。兹经提交国会议
决，应即宣告我中华民国对于德国战争状态一律终
止。"

这次文告终止了中德间的战争状态，为中德关系
的恢复和发展廓清了道路。

1919 年 10 月 25 日，孙中山领导的广东军政府也
发布文告，宣布终止对德战争状态。

7 签订《中德协约》

德国皇帝威廉二世在德国投降前（11 月 9 日）即
宣布退位并逃往荷兰，德意志第二帝国宣告垮台。新
成立的魏玛共和国政府面对的是一个因战争而变得面
目全非的国家。当时的德国人心浮动、商品奇缺、货

币贬值、物价飞涨，新政府面临着严重的财政危机，急需与所有国家恢复正常的关系，以发展因战争而中断的商业贸易，在废墟中重建德国。中国是德国在远东最大的贸易伙伴，与中国恢复外交关系是德国新政府所迫切需要的。

1920 年 3 月 9 日，德国政府派卜尔熙（Herbert von Borch）为驻华代表，谋求与中国恢复关系。虽然中国未签署对德和约，但对条约中规定的各项条款，德国政府都主动履行。1921 年 1 月 27 日，德国政府按条约的规定将八国联军侵华时期德军从中国掠取的古观象台天文仪器交还中国政府。

1921 年 5 月 20 日，中国外交总长颜惠庆与德国代表卜尔熙签订《中德协约》7 条，正式恢复了两国外交关系。协约对中德关系作了如下新规定：

（1）两国互相派遣正式外交代表，并在所驻国京享受国际公法所承认之一切权利及豁免权。

（2）在两国境内驻有他国领事馆或副领事馆之处，两国均得任命领事、副领事或代理领事，并享受他国同等官员之优礼待遇。

（3）两国人民在对方境内得遵照所在地法律、章程之规定，有游历、居留及经营商务或工业之权利，惟以第三国人民所能游历、居留及经营商务或工业之处为限；两国人民于生命以及财产方面，均在所在地法庭管辖之下；两国人民应遵守所在国之法律；其应纳之税捐、租赋，不得超过所在国本国人民所纳之数。

（4）关税税则等事件，完全由各该国之内部法令规定；但两国货物应缴纳进口税及通过税，不得超过所在国本国人民所纳之税率。

卜尔熙同时声明，德国政府愿意"恢复中、德之友谊及通商关系，因此项关系应基于完全平等及真切相互之主义，合于普通国际法之条规者"；德国政府履行《凡尔赛条约》第128条至134条的所有规定；废除1898年签订的《胶澳租界条约》及其他关于山东省的一切文件，放弃条约及文件中规定的产业权、特权；取消在华领事裁判权和关税协定权。

卜尔熙还声明，德国除按《凡尔赛条约》规定的原则赔偿中国的战争损失外，也愿意偿付战时中国各处收容德国侨民和军人所支付的费用。德国政府将完全归还在德华人之动产及不动产，并竭力帮助中国学生在德国留学和实习。

由于德国放弃了在华领事裁判权，故以后凡在华德人诉讼案件，均由新设的法庭以中国新法律审理。被告有上诉之权，并可请经法庭认可的德籍律师及翻译辅助。

协约及有关文件经中德两国政府批准后，于1921年7月1日在北京换文生效。这是中德关系史上第一个平等条约，也是鸦片战争以来中国与西方列强之间签订的第一个平等条约。它使因战争而一度中断的中德关系得到了恢复，并为以后两国关系的进一步发展奠定了基础。

1921年7月6日，德国政府正式任命卜尔熙为署理公使。同月 24 日，中国政府任命魏宸组为驻德公使，两国间的官方关系得以完全恢复。

❽ 德国对华赔款

关于德国赔偿战费问题，战胜国在《凡尔赛条约》中规定设立公共清理处，负责处理赔款数额、方式、期限等事项。中国未在条约上签字，故未加入公共清理处。但是，德国在《中德协约》中表示愿意赔偿中国的战争损失，所以对华赔款就有了法律上的依据。

1923 年 6 月 5 日，中方代表程锡庚和财政部法国顾问宝道（Georges Padoux）在德国驻华使馆与德方代表磋商赔款问题。德方代表在谈判中提出，德国政府不能以现金支付赔款，而愿以德国持有的中国债票代替赔款。至 1922 年初，德国政府从德国人民手中收回的中国债票已达 700 余万镑。

中国财政部根据该部以及各省所造表册，确定中国应向德国要求赔款的总数为 22300 余万元。德国方面提出应扣除中国政府所欠清理德侨财产款项及德商的大部分债务，使赔款总数降至 11000 余万元。当时北京政府财源枯竭，急需现款，所以作出让步，同意德方所提数额。关于德国政府持有的中国债票（称德发债票），乃是清末和民国初年由承销商德华银行向德国人民发售的有价债券，计有英、德洋款，续借英，德洋款，善后大借款，津浦铁路正续借款及湖广铁路借款。战后，德国政府从人民手中购进这些债票，因中国政府仍承认这些债票，所以德方用以抵付战争赔款，总计约为 1 亿元。经过反复磋商，中国外交部于 1924 年 6 月 6 日与德国公使签订了解决德国赔款及对德债务协定，解决了两国之间的债务悬案，中国最后净得现款约 1100 万元。

八 密切交往时期

中德贸易的恢复和发展

第一次世界大战爆发以来，特别是中国与德国绝交并处于战争状态以后，中德间的贸易受到严重影响，德人在华的银行、公司等纷纷关张。1913 年，在华德国公司约有 300 家，到 1919 年只剩下 2 家。同期德国对华贸易在整个中国对外贸易中所占的份额由 4.7% 降至 1.3%。1914 年德国在华投资总数为 26360 万美元，1921 年仅剩下不足 4000 万美元。1902～1904 年，在华投资占德国海外投资总额的 20.9%，1921 年降至 2.7%。

战争给德国人民带来巨大的灾难，也使德国经济处于崩溃的边缘。战后的德国虽然废除了帝制，成立了共和国，但面对德皇穷兵黩武造成的经济萧条，新政府一时也拿不出振兴良策，只能滥发纸币，以缓减财政压力。这使德国马克急剧贬值。1922 年底，1 个金马克合 1750 纸马克，到 1923 年 11 月，1 个金马克已合 1 亿纸马克了。

在这种情况下，美、英等国不得不制订"道威斯计划"，向德国提供大笔贷款，以扶持德国恢复和发展经济。刚刚从战争的创伤中恢复过来的德国大企业，尤其是军工企业，即以其价廉质优的产品再度打开了中国市场。《中德协约》的签订和两国关系的恢复为德国企业进入中国提供了政治上的保障。

当时的中国因各地大大小小的军阀争权夺利而战火不断，对军火的需求量很大，而各地军阀自造的枪支弹药，一则数量不足，二则品质较差，所以需要大量进口。1918年和1919年，日本曾是向中国提供军火的主要国家，但1919年5月日本同美、英、法等国签署了武器禁运协定，减少了向中国的武器输入，这给德国军火商重新打入中国市场提供了契机。据中国海关的统计数字，1925年中国进口的德国武器合1300万金马克，占进口武器总价额的一半以上，其中还不包括走私和通过第三国进入中国的德国军火。

在中德贸易恢复和发展的过程中，德华银行起了重要的推动作用。一战前，该银行是德国在华最大的金融机构。中德关系恢复后，该银行向中国政府交纳200万元保证金，得以重新开业。开业后，为德国大企业（如克虏伯等）与中国之间的多笔大宗贸易提供贷款或担保。

经过数年的发展，到1927年，在华的德国公司已达300余家，在华的德国人达到3000余人，均超过了战前的数字。

当时的军阀张作霖、吴佩孚、阎锡山、杨森等人均与德国有密切联系。他们中有的聘请了德国顾问，有的雇有德国工程师，都想获得更多的德国武器，在内战中成为赢家。当时在军阀之间积极奔走的有一个名叫特莱毕茨·林克恩（Trebitsch-Lincoln）的德国人。他是个冒险家，于 1921 年来中国后先后担任过杨森、吴佩孚和江苏督军齐燮元的顾问。林克恩主张依靠德国的资本和技术发展中国经济，进而在中国建立世界一流的军队。他的主张颇受军阀赏识。1923 年 8 月，齐燮元让林克恩带一支考察团赴德国，希望把德国工业资本引入江苏，但因齐乃地方军阀，地位不稳，没有引起德国工业资本的投资兴趣。

2 孙中山的联德尝试

孙中山先生一生致力于中国革命，积极联络海内外一切可以借用的力量，为革命的成功和经济的振兴添砖加瓦。在向日、美、英、法等强国寻求援助的同时，孙中山也进行了一系列联德的尝试和努力。

孙中山在欧洲期间，曾研究过马克思的《资本论》和《共产党宣言》。德国的社会主义思潮对孙中山三民主义思想体系的形成产生过重大影响。1905 年 5 月末 6 月初，孙中山曾在德国停留 12 天，向中国留学生解说他的"平均地权"的观点，影响一批留学生加入了革命组织。1912 年 9 月 18 日～10 月 3 日，孙中山考察德国占领下的青岛，对德国人在该地实施的土地制度产生了很大的兴趣。1917 年中德关系发生变化时，孙中山主张中国采取中立政策，反对加入协约国一方向德、奥宣战。孙中山的立场引起了竭力阻止中国参战的德国外交官的注意。德国公使辛慈于 1917 年 3 月底回国之前，曾指示德国驻上海总领事克尼平（Hubert Knipping）联络孙中山，提供 200 万美元作为打倒力主参战的段祺瑞内阁的费用。孙中山当时还有中德进行军事经济合作，借德国军队（由西伯利亚迁回来华）南北夹击北方段祺瑞势力的构想，但未实现。

1921 年 5 月，孙中山担任广州政府非常大总统后，力求打破外交上的孤立，联德计划再次提上议事日程。7 月，孙中山派朱和中赴德，积极推展联德政策，以期借重德国的技术及专门人才，发展中国的工业和经济。然而当时德国与北京政府恢复邦交不久，不愿与孙中山的广州政府建立正式的官方关系。后来陈炯明叛乱，孙中山被迫离开广州，联德计划搁浅了。

1923 年孙中山再赴广州建立革命政权，即致函留德的邓家彦游说德国政府及财界、工业界和军界，力谋实现中德合作。1924 年初，邓家彦曾向德国外交部呈递一份广州政府同德国进行军事合作的具体计划书，但仍未得到德方的积极响应。孙中山不放弃努力，又派其顾问、西门子公司在广州的工程师艾曼赴德国，通过私人渠道直接与德商洽谈在广东投资，并聘请退伍军官和专门人才来华充任教官和顾问。德国在政治上和外交上虽然不能公开支持孙中山，但并不反对退伍军官和经济界人士以个人身份受聘于广州政府，例如，米勒（Müller）少校任职于广东警察厅及防卫司令部，安赛尔（Ansel）博士在广州兵工厂从事毒气和各种爆破弹药的研究和制造，数名教官在新成立的空军中训练飞行员，还有人在黄埔军校担任教官。

3 蒋介石与德国军事顾问团的组建

孙中山的联德计划虽因种种原因而未实现，但广州政府聘用与军事有关的德国顾问及技术人员的具体行动，已为蒋介石及南京国民政府聘用德国顾问奠定了基础。

孙中山逝世后，蒋介石排除异己，掌握了国民党的军政大权，外交上逐步放弃孙中山的"联俄"原则，大力推展"联德"方针。

蒋介石对德国素来抱有好感，对德国的军事尤为钦慕。1912 年他在日本时曾努力学习德文，准备赴德留学。他还在《军声》杂志上发表文章，赞扬德国的军事教育与军事训练制度。1918 年他也曾打算赴德学习军事，虽然终未成行，但他对德国的好感未变。

1927 年春，蒋介石派一代表团到德国考察访问，并商请鲁登道夫（Erich Ludendorff）推荐一名军官帮助整建广东的军队。鲁登道夫推荐了鲍尔（Max Bauer）。鲁登道夫是第一次世界大战中德国军界的风云人物，鲍尔是其心腹谋士。鲍尔是个重炮专家，对重炮理论多有发展，并曾设计出新型重炮，获柏林大学荣誉博士学位。一战时，他任职于德军参谋本部，曾建议使用一切手段，包括使用毒气、实行无限制潜艇战等，均被鲁登道夫采纳。德国战败投降后，鲍尔退出现役，先后在匈牙利、奥地利、苏联、西班牙和阿根廷担任过经济和军事顾问。1926年3月，他自阿根廷返回德国后，与德国、荷兰和瑞士的军工企业建立了密切的关系。

经过安排，广州政府代表团会见了鲍尔，就军事和工业计划征询他的意见，并邀请他来华。鲍尔欣然接受邀请，并陪同代表团参观访问。他对中国军队的现状作了研究，于8月份通过中山大学副校长朱家骅的侄子朱谦寄来关于整理中国陆军的两份建议书。朱家骅和中山大学校长戴季陶极力建议聘鲍尔任军事顾问，得到了李济深和蒋介石的同意。

1927年11月，鲍尔抵达广州，12月转赴上海，由朱家骅任翻译，与下野居于上海的蒋介石进行了一个星期的会谈。鲍尔详细介绍了自己对中国军事和工业发展的设想和建议，蒋介石颇为赏识，即聘任他为"高级工业顾问"。之后，他对上海、武汉和南京等地作了考察访问，多次向蒋介石呈上备忘录，就军队建设、经济发展等方面提出了一系列建议。

北伐战争初期，为蒋介石出谋划策的主要是以鲍罗廷为首的苏联顾问。然而，随着战争的进行，双方矛盾愈来愈大，最后终于决裂，鲍罗廷等被驱逐出境，鲍尔乘机建议赴德国招聘顾问，得到了蒋介石的批准。

1928年3月，蒋介石以国民革命军总司令的名义派遣以陈仪为首的考察委员会访问德国，鲍尔随考察团赴德，负责推荐有关人士充任顾问。鲍尔陪考察团参观了克虏伯、西门子等企业，引起了德国企业界人士对中德经济合作的兴趣。为加强中德两国的经济和军事联系，推动顾问的招聘工作，中国政府还按照鲍尔的建议，在中国驻柏林使馆设立了商务处。

考察团和鲍尔的招聘工作得到了退役军官的积极响应，也得到了德国军方的支持。德国工商界更希望通过顾问团推动在华的军火贸易和其他商务关系的发展。鲍尔第二次来华前又与德国和瑞士的一些大企业进行了广泛接触，获得了容克飞机制造厂等企业在华的独家代理权。

德国政府与中国北京政府建有正式外交关系，在对待中国国内问题上一直采取谨慎的立场，不便公开支持广州政府。1926年7月北伐战争开始后，德国外交部和德国驻华使馆密切关注着事态的发展，考虑着应变的方针。驻华公使博邺（Adolf von Boye）在12月份的一份报告中认为，关于承认国民政府问题，德国不应抢先，但也不能落于人后。他还在一份电报中强调，德国的方针应是不干涉中国内部的争端，同时在各列强之间保持中立。德国外交部在1927年1月8日的备忘录中也认为，德国应与中国所有政权保持良好的关系，奉行"静观待变"的政策，不能主动采取行动。

1927年4月12日，蒋介石发动政变，4月18日宣布成立南京国民政府，形成南京、武汉和北京三足鼎立的局面。7月15日，武汉再演国共分裂惨剧，宁汉合流，形成南北对峙的形势。1928年春，南京国民政府再度北伐，打败奉系军阀，于 6 月初占领北京、天津各地，结束了南北对峙的局面。随着中国局势的明朗化，德国的对华政策也渐趋明朗。1928 年 4 月，博邺返回德国，新任驻华公使卜尔熙于 8 月作为第一位外国公使访问了国民政府的首都南京。8 月 17 日，卜尔熙同国民政府外交部长王正廷签署了《关税条约》，正式承认了南京国民政府。同年 10 月，中国任命蒋作宾为驻德公使。蒋作宾于次年 2 月抵柏林就任后，受到了各界人士的欢迎。

因中国政权更替而造成的外交问题获得妥善解决后，中德关系得到了进一步加强，德国军事顾问团的组建工作就更为顺利了。

1928 年 11 月 12 日，鲍尔率助手胡梅尔（Franz Hummel）少尉和施托茨讷（Erich Stolzner）中尉以及秘书恩格勒（Luise Engeler）抵达上海。19 日，鲍尔到南京就任在华德国军事顾问团总顾问职，蒋介石亲自设宴招待。其后，顾问们陆续到位，顾问团组织正式建立起来。

顾问团成员受总顾问领导，直接向蒋介石负责，从事有组织协助中国发展经济和军事等各项建设事业的任务。除鲍尔外，其他顾问都与南京政府签有为期两年的合同。鲍尔聘来的专家共 25 人，其中 10 人负责军事训练，6 人为后勤供应方面的顾问，4 人为警察顾问，另有化学工程师、市政管理专家、经济学家、铁路专家和医生各一名。

鲍尔担任总顾问后，一面抓顾问团的组织建设工作，一面常向蒋介石提出有关经济和军事建设的各种建议。他认为，要加强部队战斗力，首先应成立现代化的陆军和空军教导旅，以培养优秀军官。蒋介石照此建议，在南京成立教导旅，内含步兵队、重兵器队、骑兵队、工兵队和通信队各一个，还成立了军官研究班和译述训练班。

鲍尔还为国民党高级将领讲授军事工业、新式武器和化学工业等课程。蒋介石、冯玉祥、李宗仁等国民党要人以及各军事机关、军事院校和部队高级军官都听过鲍尔授课。

北伐成功后，蒋介石面临的一个重大问题是裁减军队。1929 年 1 月国民革命军编遣委员会成立后，鲍尔参与了编遣办法的拟定工作。因蒋介石、冯玉祥、阎锡山、李宗仁等各方都想借此保存实力，削弱对方，最终引发了武力冲突。1929 年 3 月蒋桂战争爆发，鲍尔亲赴武汉一带前线参与军事，不幸染上天花，于 5 月病死在上海。

鲍尔在华时间虽然不长，但他组建了顾问团，确定了顾问团工作的基本方向，为未来 10 年蒋介石政权与德国的军事和经济合作奠定了基础。他的病逝使顾问团在华的工作受到了较大的影响。

鲍尔在遗嘱中指定即将来华受聘的克利伯尔（Hermann Kriebel）中校代理总顾问之职。鲍尔与克利伯尔曾长期共事，相知较深。克利伯尔也是一位富有传奇色彩的人物。1900 年八国联军入侵中国时，他曾追随瓦德西元帅到过北京。第一次世界大战期间，他与鲍尔曾任职于德军参谋本部。德国投降时，他作为德方停战委员会的一名成员，因讲出"20年后咱们再相见"的惊人之语而为世人所瞩目。他对新成立的共和国十分不满，参与过柏林发生的暴动。后来，他建立起军事组织，与希特勒的纳粹党联系密切。1923年9月，希特勒等组成"德国人战斗联盟"，克利伯尔任军事领袖，希特勒任政治领袖。后与希特勒一同被捕，在狱中协助希特勒写出了《我的奋斗》一书。出狱后，两人分道扬镳，克利伯尔在奥地利隐居了几年。1929年春，经鲍尔推荐，被聘来华担任顾问。6月份他到中国时，蒋介石即按鲍尔遗嘱委任他代理总顾问之职。

克利伯尔代理总顾问后，顾问团发生了一些变化。一是军事色彩较前更为浓厚。鲍尔在时，顾问团更像一个经济顾问团，而克利伯尔认为鲍尔的许多经济发展计划不太切合中国实际，所以不太热心，加上他集中精力为蒋介石的战争行动出谋划策，从而忽视了经济建设方面的问题，引起了非军官出身的顾问的不满。克利伯尔对工作十分尽力，视察各个战场，为蒋介石的每一次重要战役出谋划策，有时甚至睡在作为蒋介石专列的装甲车厢里。二是顾问团的人数增加了。原来是20余名，1930年初增至四五十人，其中不乏军衔高于克利伯尔者。三是组织形式发生了变化。克利伯尔把所有顾问分成三组，每组设主任一人：第一组主要负责军队和教导旅的编练、武器弹药的统筹分配、军事演习的监督和部队的布防等，多与中国国防安全和机密有关。第二组主要负责军事教育和训练，凡在中央军校、北平陆军大学、各军事专科学校以及陆军参谋大学任教的教官均属于此组。第三组主要负责经济建设方面的事务，由非军官身份的文职顾问组成，包括经济、工业、铁路建设、燃料、警察、航空、市政、军事工业等方面的技术专家。

克利伯尔虽然恪尽职守，但未得到蒋介石的特别赏识，加上他军衔较低，难以服众，不利于顾问团工作的开展，故任职时间较短。克氏当总顾问不久，蒋介石即命朱家骅致函鲁登道夫来华接任，鲁登道夫不便亲来就任，就推荐了退役陆军中将魏采尔（Georg Wetzell）。

1930年5月24日，魏采尔被正式委任为顾问团总顾问。第一次世界大战中，他曾任德国参谋本部作战处处长，作战指挥经验丰富。他来华就任时，蒋介石正在与北方的冯玉祥和阎锡山进行中原大战，正好把他派上了用场。他为蒋介石提出了许多意见和建议，发挥了重要作用。

中原大战结束后，魏采尔先后参与了国民党军队"围剿"红军的军事行动和局部的对日作战（如1932年的淞沪抗战和1933年的长城抗战等）。魏采尔还为国民党军队的整顿和建设提出了许多具体建议，受到了蒋介石的重视。

然而，魏采尔只关注军事问题，与德国工商界关系不密切，对中德间的贸易往来，甚至对德国军火及重工业品输入中国均兴趣不大，难以胜任中德间经贸使者的角色，为中德双方所不满。此外，魏采尔脾气粗暴，性格倔强，既与顾问团成员相处不洽，又与国民党许多高级将领格格不入，蒋介石不得不考虑走马换将。

1932 年，蒋介石要朱家骅致函鲁登道夫另荐名将取代魏采尔。朱家骅建议聘请前国防军总司令塞克特（Dorothee von Seeckt），先致函邀请他访华。

1933 年夏，塞克特来访，在庐山会见了蒋介石，游历了南京、北平等地，会见了许多国民党要员，广泛了解中国的情况。在华期间，他就军队的整编、训练、指挥及军火工业的发展等许多方面向蒋介石提出了一系列建议。蒋对他极为赏识，"觉其言行，皆可为军人之师法"。塞克特 7 月返德前，蒋致函流露了聘他任总顾问的想法，其后又委托朱家骅通过中国驻德使馆与塞克特商洽。经过再三考虑，并经德国外交部和国防军部批准，塞克特答应来华任职。

魏采尔带着怨恨的心情，在塞克特二次来华前主动辞职而去。1934 年 4 月，塞克特抵华就任总顾问。塞克特来华前分别向兴登堡（Hindenburg）总统和麦肯逊（Mackensen）元帅辞行，二人均祝其成功。德国外交部和国防军部也向他保证，必要时提供一切可能的援助，并可派现役人员前来协助。

塞克特提出授予他"委员长委托人"的身份，一切日常公务都在他的总顾问办公室和私宅处理，而代表委员长与各军政长官的谈话，均在南京军官学校蒋介石官邸内进行。蒋介石对塞克特十分倚重，答应了他的要求，特指示参谋部、训练总监部、军政部、各部长或次长以及军事委员会各主任、兵工、军需各署长届时到会向他全面报告有关情况。蒋介石不在时，塞克特常以蒋的名义召集高级军事会议，有时还代表蒋视察、检阅部队。

为应付日渐扩大的工作范围，塞克特把顾问团由三个组扩大成五个组。第一组负责部队的编组、防御工事的筹建、情报的搜集和通讯器材的应用等；第二组负责武器弹药的生产与采购；第三组负责训练部队、协助教导旅、拟定军事教育方针和办法、安排军事教育、派遣顾问到各军校任教等；第四组负责人事安排；第五组负责编译工作。国民政府还特设了总顾问办公室，为塞克特服务，另设以李蔼将军为首的联络官办公室，负责协调德国顾问与中方军官的关系。

关于军队建设，塞克特根据德军的经验，建议先整编68个师，以此为核心渐次扩大。在一次重要会议上，陈诚提出了先整编30个师的建议。塞克特以为不可，甚至以辞职相威胁，蒋只好同意他的主张。

塞克特因年老体弱多病（时已68岁），把许多事务交给助手法尔肯豪森（Alexander von Falkenhausen）处理，而把大部分精力用在中国军事工业的发展方面。他与国防设计委员会和兵工署磋商后，列出了供6个，8个和18个师每月所需各种军火的产量，还开列了建立兵工厂、钢铁厂、机器制造厂和汽车厂的进度表，均得到了蒋介石的批准。

蒋介石还让塞克特着手进行长江流域及沿海的布防工作。塞克特根据蒋的要求，绘制了长江流域的防御工事图，其中从南京到上海的工事被称为中国的"兴登堡防线"。塞克特不赞同蒋介石轻视华北防务的做法，认为华北和江南同样重要，但蒋不以为然。

日本对德国军事顾问团在华活动怀有戒心，一直持反对态度，对一战后德军领袖人物塞克特来华更是多方阻挠和反对。塞克特第一次来华时，日本驻德大使向德国政府询问其来华的目的。他第二次来华时，亲日的德国驻日大使狄克逊（Herbert von Dirksen）曾致电德国外交部请求阻止他动身。他动身后，日本驻德大使往访德国外交部，指责德国政府纵容他来华帮助中国政府备战，以便将来对抗日本。德国外交部则以塞克特年老体衰、无力再助他国备战等辞搪塞。其后日本在各种场合制造舆论，向德方施加压力，加之塞克特疾病缠身，终不安其位，提出辞职。蒋介石虽然极不情愿放他走，但形势所迫，也只得允准。

1935 年 3 月塞克特辞职离华前，以"最诚恳的心情"向蒋介石推荐法尔肯豪森继任总顾问和蒋在国防事务方面的代理人。蒋接受了他的建议。自此，德国在华军事顾问团进入了法尔肯豪森时代。

法尔肯豪森出身于贵族家庭，1900 年八国联军入侵中国时曾到过北京。1904 年日俄战争爆发后，他进入柏林大学东方学院攻读日语，"与东方结下了不解之缘"。1910 年，他奉命赴日本研究军事，曾携妻子经朝鲜、中国东北再次来到北京。1911 年他曾到广州了解革命党人的活动情况。一战前，他被任命为德国驻日使馆武官。一战爆发后，他返回德国，被派往西线作战。1916 年转至土耳其，升任第 7 土耳其军的总参谋长，其间结识了塞克特。大战结束后，他先后担任过德军军事教育和训练总监、步兵团长、步兵学校校长等职。他对纳粹党采取敬而远之的态度，不愿与之同流合污。1930 年他 52 岁时退出现役，参加了一些政治活动。1933 年底，塞克特推荐他来华工作。他用几个月时间向朋友们和国防军部的高级官员询问对于赴华工作的意见。1934 年 1 月 22 日，他还拜见了希特勒。他当时有点看不起中国，倾向于德日亲善，认为就德国在东亚的利益而言，日本比中国更重要。1934 年夏，他携夫人来到中国，充任塞克特的助手。塞克特辞职后，他继任总顾问。

法尔肯豪森到中国后，逐渐改变了对中国的看法，并且"喜欢上了中国"。1935 年，红军第五次反"围剿"失利，被迫向北方长征，国民党认为消灭红军只是时间早晚的问题。而随着中日矛盾的日趋尖锐，中日战争已渐成不可避免之势。国民党一面继续追剿红军，一面作抗战准备，法尔肯豪森和德国顾问团的工作重心因而转向下列方面：①迅速编练可用于作战的机动部队；②加强长江流域及沿海地区的防务；③发展自给自足的军火工业。

1935 年 8 月，法尔肯豪森向蒋介石提交"应付时局对策"，指出：目前威胁中国最严重和最迫切的是日本。中日一旦开战，华北必会首当其冲，故应特别重视华北防务。水上防务最重要者首推长江。为此，中国应将作战部队集中于徐州—郑州—武汉—南昌—南京区间。防线必须向北推进，以沧县、保定一线为绝对防御，以黄河为最后防线。对中部防御至关重要者在于封锁长江，江防须封锁江阴，陆防须推进至上海附近。南京和华中地区都应全力固守，四川则为最后防地，应发展军事工业和运输业。他认为中国陆军还不能胜任现代化的战争，当务之急是成立极其新式的国防军。

蒋介石对他的建议十分重视，据此部署各项备战措施。鉴于日军可能随时发动进攻，法尔肯豪森效仿塞克特一战后创建德国国防军的经验，着手装备8万机动部队，以便应付紧急情况。另建立若干炮兵团和一个装甲兵旅，以备驰援步兵。

鉴于中国当时军火工业落后，军火大半需从外国进口，法尔肯豪森和塞克特一样，力主中国发展自给自足的军火工业。为此，中德兵工专家合作拟定了一个《五年军火发展计划》。在德国技术援助下，南京、巩县和汉阳等地的兵工厂渐渐可以生产德式武器（如马克西姆机枪、八二迫击炮以及毛瑟步枪等）。

1936年4月，法尔肯豪森曾建议中国首先向日本开战，他认为这样做对中国有利。他向蒋介石提议作好在敌占区进行游击战争的准备，敦促中国在东北和日本建立情报网。10月，他提出了在紧急情况下对日本在上海和汉口租界的驻军发动突然袭击的计划。11月，他建议反击河北境内的日军，在空军支援下，以陆军大规模的进攻把该省日军赶出去。1937年春，他再次呼吁中国首先对日军发动进攻，并拟定了发动突然袭击完全控制大沽、天津和北京的计划。7月，抗日战争爆发后，他提出了坚守上海—南京地区的作战方案，被蒋介石采纳。"八一三"事变后，他亲赴淞沪战场部署作战，德国军事顾问训练出来的国民党87师和88师率先投入了战斗。9月，中国政府授予他二等"云旗"军功勋章和绶章，另有5名顾问也获得了勋章。

南京失守后，德国顾问随同国民政府迁往武汉，继续为蒋介石出谋划策，部署长江沿岸各要塞的防御。

4 克兰计划与易货贸易

随着《关税条约》的签订和德国顾问团工作的开展，中德关系进一步加强，两国经贸往来也进入了新的阶段。在这个阶段，德国军火商汉斯·克兰（Hans Klein）扮演了重要角色。

克兰虽然是个商人，但与德国政界和工业界联系密切，颇有一点背景，与在华德国军事顾问也有交往。他认为，推动中德经贸关系的进一步发展，加强双方的合作，大大有利于振兴德国的经济。他来华的目的是促进两国的经贸联系，争取中国大量采购德国工业产品，促进德国工业的发展。他的想法得到了德国外交部和其他部门的赞同，也得到了塞克特的支持。

他认为蒋介石当时尚未控制全局，各省在经济方面可以自行其是，即使先与南京达成协议，仍须同地方诸侯商谈。基于以上判断，他首先选择了较为富裕的广东省，一则可进行贸易，二则可以利用湖南、贵州、广西等邻省的矿产资源。1933 年夏天，克兰到广州活动，赢得了广东军阀陈济棠的信任。7 月，克兰与陈的代表签订了一项协定：德国在广州以北的浈江口修建一座兵工厂，制造三种大炮。这项工程总价值达6500 万马克，广东方面以现款支付。

然而，南京政府反对克兰与陈济棠直接做生意。1934 年 2 月 1 日，中国驻德使馆正式向德国外交部提出：在广东建立兵工厂或派遣德国军事顾问，必须事先征得南京中央政府的同意。

德国外交部从中德关系的大局出发，对克兰计划持反对态度，但国防部和经济部却认为克兰计划对军火贸易和军事工业有利。于是，克兰在国防部、经济部和国家银行的支持下，联络一些大的工业厂商，于1934 年 1 月成立了"合步楼"公司——工业产品贸易公司。

1934 年 7 月 20 日，克兰与陈济棠秘密达成了总额达 2 亿马克的易货贸易协定。次日，他与陈签订了几个合同，包括为总长度达 964 英里的铁路线提供所需设备材料、建造现代化的黄埔船坞和码头等。

南京政府也加紧了与德国的经贸联系。1934 年 4 月，南京决定由德国容克飞机公司帮助中国在江西建立一家飞机制造厂。5 月，蒋介石秘密向德国表示，此后将只从德国进口武器，订购种类和数量由塞克特和俞大维洽商，其中较大的一笔是 24 门 150 毫米重型榴弹炮，每炮配备 1000 发炮弹，总价值 900 万马克。

为了在中国大干一场，克兰也与南京接上了关系。

1934 年 8 月，经塞克特介绍，克兰赴庐山牯岭拜见了蒋介石，然后与财政部长孔祥熙进行了 20 多天谈判，于 8 月 23 日达成了《中国矿物及农产品同德国工业品及其他产品的易货协定》（简称《中德易货协定》）。协定规定，中国政府经克兰向德国交付矿产原料及产品，克兰向中国政府提供中国政府需要的工业产品等，包括钢铁厂、选矿设备和兵工厂等重工业企业设备。克兰答应谋求德国政府向中国提供 1 亿马克信用贷款，在德国设立账号，支付进口德国产品的费用。

克兰在签订《中德易货协定》后，继续实施他的广东计划，将有关设备陆续运抵广东。这引起南京政府的强烈不满，即通过驻德公使刘文岛提出交涉，并通过塞克特向德方表示了反对克兰的广东计划的立场。南京方面甚至暗示，如不停止向陈济棠提供军事援助，那么中方将不惜中断德国顾问团的在华使命，两国关系将因此恶化。返德后复来中国担任德国驻上海总领事的克利伯尔也反对克兰计划，于 5 月 17 日向希特勒拍发一封长电，陈述了克兰计划对中德关系的危害，建议完全放弃。塞克特、法尔肯豪森和德国国内的一些人也持反对立场。5 月 22 日，中德外交关系由公使级升为大使级，显示德方重视与南京的关系。24 日，德国外交部通知大使陶德曼（Oskar Trautmann）：克兰将逐渐中止广东计划，将工作重点转至南京；停止向广东输入武器；逐步撤出广东的德国顾问，视情况转入法尔肯豪森属下。

蒋介石对《中德易货协定》十分重视，希望能尽早实施，并主动提交了中国可提供的矿砂的清单。1935 年 4 月，蒋介石将国防设计委员会改组为资源委员会，管制各地钨、锑等矿砂的采掘和出口。同年 10 月，蒋又在中央银行内特设中央信托局，负责收购输德农副产品，并参与中德易货贸易的财务结算。同月，中国将 2000 吨钨砂输往德国，德方颇为满意。两国原则上确定，实施克兰签订的《中德易货协定》，由德国政府向中国提供一笔信用贷款，专供购买德国的军火和工业品之用。

1936 年 2 月，南京政府派遣以资源委员会委员、开滦煤矿中方总经理顾振为首的代表团赴德访问，洽商易货贸易的具体办法。代表团与德国有关部门的官员进行了会谈，达成了一致意见。1936 年 4 月 8 日，顾振和德国经济部部长沙赫特（Hjalmar Schacht）在柏林签订了《易货协定之补充信贷合同》。补充合同确认了《中德易货协定》的有效性；德国政府向中国提供 1 亿马克商业信贷，供中国购买德国工业品和其他产品之用；中德两国在对方国的应付款项，均以易货方式办理。这笔贷款的年息为 5 厘，但未动用的款额和已归还的款额均不计利息。贷款的偿还年限未做规定，也未要求中方提供担保。

易货协定和信贷合同的签订，使中德两国经贸关系得到了很大的发展。到 1937 年，德国在中国对外贸易中的比例，已从 1931 年的 4% 增至 12%，成为中国的第三大贸易伙伴，仅次于美国和日本。在德国输出军备物资方面，中国所占份额达 37%，居第一位。德国从中国进口的钨砂数量也逐年增加，由 1934 年的 2510 吨增至 1937 年的 8037 吨，中国钨砂占德国进口钨砂总额的比例则由 1934 年的 57.2％增至 1937 年的 70.6％。中国还向德国输出了大量的锑、锡等原料。

《中德易货协定》签订后，德方由克兰的"合步楼"公司负责筹运中国所需的军火。为便于协调各方面的关系，"合步楼"公司于 1936 年 4 月改组，克兰将全部股权转让给德国国防部，使之成为国营公司。1935 年德国输华军火值占当年德国出口军火总值的 8.1％，仅次于英国，1936 年增至 28.8％，1937 年则高达 37％，呈连续增长的趋势。

翁文灏主持的资源委员会还与德国顾问共同制订了中国重工业发展的三年计划，1936 年 6 月获准实施。该计划确定了中德合作在江西吉安修建钨铁厂、湖南湘潭修建中央钢铁厂、中央机器厂、中央电工厂以及在湖北、陕西等地开发铜矿、煤矿、油田等十大项目，旨在确立抵抗日本侵略的工业基础。这些项目均由德方负责设计和供应设备。此外，中国方面还与德国沃尔夫公司和克房伯公司等大企业达成了多笔铁路信贷合同。

5 在德华侨

清朝末年，由于生活所迫，许多华人远涉重洋到海外谋生，也有不少人被当做苦力卖到美洲和澳洲等地，使海外的华侨数量不断增加。民国以来，到海外谋生的人有增无减，更有许多留学生在外国读书立业。

就来源而言，美国和加拿大的华侨多为广东人，日本、朝鲜和苏联的华侨以山东人居多，西欧各国的华侨则绝大多数是浙江青田和温州人。

华侨大量登上欧洲大陆的时间要比登上美洲大陆的时间晚。据说第一批到德国的华侨是湖北天门人。他们是光绪年间经西伯利亚铁路先到俄国，而后流落至德国的。他们一面卖纸花，一面给人治牙病，但生意不好，居无定所，后来不知何往了。此外，还有一些山东人取道俄国到德国，有一些广东人从海路到柏林和汉堡开餐馆。在德国华侨中，人数最多的是浙江青田人。青田石很有名，用青田石制成的器皿和工艺品被少数青田人带到欧洲后，引起了欧洲人的好奇心，被抢购一空。这个消息传至家乡，青田人就一批一批带着货到了欧洲，散布在德国、意大利、法国、比利时和荷兰等国。后来欧洲人对青田石的好奇心减弱，生意做不下去，华侨便改做小本生意或做苦力。因来的华侨多了，德国驻华领事馆不再签发签证，于是就有人花钱买通船员，乘船至意大利，绕道法国偷渡到德国。其中有些人根本没有护照，有些人持假护照，常有被德国警察抓获后驱逐出境的。

1936年1月程天放到柏林任中国驻德大使时，在德国的华侨总共约有3000人，其中在柏林的约有1000人，在汉堡的有400人左右，其余1000余人散处在德国各地。他们当中95%以上是浙江青田人、温州人、广东人、山东人和其他省份的人仅占5%左右。在柏林有一个华侨工商联谊会，其他地方都没有华侨团体。

　　程天放到柏林后，柏林工商联谊会的会长林樵请求他向德国外交部交涉，给做小本生意的华侨颁发营业执照，免受警察逮捕驱逐之苦。对偷渡入境的华侨，由大使馆补发护照，使他们得到居留权，安定下来，不至于终日惶惶不安。程天放经过一年多的交涉，终使德国方面作出让步，凡在 1937 年 12 月 14 日以前入德境的华侨，由大使馆进行登记，将名单交给德方，德方给予他们营业权和居留权，此后非法偷渡入境者，一律驱逐出境。

　　民国以来，留学德国的学生也日益增多。1928 年德国和南京国民政府建交后，留学德国成了一时之风气，国民党许多要人都将子弟送到德国深造，其中有戴季陶的儿子戴安国、蒋介石的儿子蒋纬国、居正的儿子居伯强等。程天放任驻德大使后曾做过一次调查，当时在柏林各大专院校学习的留学生有 320 余人，在其他城市留学的有近 300 人，在军事院校学习的有 30 余人。他们组建了留德学生会，有一个固定的会所。

九　风云再起

德国与伪满签订"贸易协定"

自《中德协约》签订以后，德国与中国历届政府都保持了良好的外交关系，特别是南京国民政府成立以后，两国在军事、经济和贸易等领域的合作进一步得到了加强。然而，由于国际局势的演变，中日和德日关系的变化，以及希特勒上台后德国外交政策的转变等种种因素，中德关系逐步走入了荆棘之路。德国与伪满洲国签订的"贸易协定"是中德关系转向的一个标志。

日本帝国主义早有并吞我国版图的野心。1931年日军发动蓄谋已久的九一八事变占领我国东北后，于1932年3月扶持清废帝溥仪成立了伪满洲国。南京政府对这种公开分裂中国的罪恶行径进行了严厉谴责，要求国际社会不予承认伪满政权。当时，德国同美英等国一样，没有同伪满政权建立官方联系。

1933年初纳粹党领袖希特勒上台后，在远东采取二元外交政策，一方面发展对华军事、经济关系，以获取战略原料，另一方面促进对日政治关系，以寻求强有力的联盟。在希特勒的眼中，中国人和日本人都属于"劣等民族"。他在《我的奋斗》一书中，把中国人和黑人相提并论。他对日本的印象好一些，尤其对 1904～1905 年日本在日俄战争中击败俄国表示欣赏，所以想借助日本牵制苏联。他上台后，即委派狄克逊为驻日本大使，与日本发展友好关系。由于有了这种倾斜，德国与伪满政权开始了经贸往来。

在这个过程中，德国商人斐迪南·哈耶（Ferdinand Heye）扮演了重要角色。哈耶曾在我国东北地区从事过鸦片走私和军火买卖。1933 年 3 月，他向德国政府建议在伪满建立一家德国银行，以便利用德国的资本和工业产品开发伪满地区和内蒙古。在这方面，德国可与日本合作，并最终说服日本经西伯利亚进攻苏联。德国外交部从中德关系角度考虑，对哈耶的建议不屑一顾，然而哈耶却得到了希特勒心腹戈林（Hermann Goring）的支持。在戈林的资助下，哈耶到伪满和日本活动。急于谋求国际社会承认的伪满政权对哈耶的来访十分欢迎，并通过他向希特勒转呈一信，要求德国承认伪满政权，作为交换条件，德国可在伪满享有经济上的特权。与此同时，日本也向德国新任驻日大使狄克逊提出，希望德国正式承认伪满洲国。

对此，德国外交部和国防部均持反对意见，因为这将严重损害中德关系，这使哈耶在德国的游说碰了钉子。不过，他在戈林的支持下，从希特勒那里获得了"德国临时代表"的身份，主导德国与伪满之间的贸易关系。他再次到东北后，打着"德国首任驻满洲国公使"的旗号四处奔走，从事与其真实身份不相符的活动。1934 年 6 月 5 日，哈耶同伪满政权签署了临时贸易协定。这引起了中国方面的强烈反对，德国政府从中德关系的大局出发，没有批准这项协定。哈耶在伪满的活动也引起了日本方面的不满，因为他要求伪满政权给予德国种种优厚的待遇，侵犯了日本的利益。1935 年 2 月 4 日，希特勒正式免去了哈耶的职衔。

然而，德国与伪满之间的联系并未因此而中断。东北盛产大豆，德国需大量进口以满足国内所需，而伪满则需要德国的工业品。1935 年底，德国派遣工商业界的头面人物以"远东经济考察团"的名义前往伪满访问，旨在加强双方的贸易关系。1936 年 4 月 30 日，德国政府代表与伪满代表在日本东京签署了德国与伪满"贸易协定"，其主要内容如下：

（1）德国允许价值 1 亿元的伪满洲国货物，于 1 年内输入德国，其中 3/4 以外汇支付，1/4 以德国马克支付。

（2）伪满洲国采取必要措施充分进口德国货物。

（3）双方主管代表每三个月在柏林核算一次两国间的贸易额。

这项协定自 1936 年 6 月 1 日起生效，以 1 年为期。这项协定使德国进口东北大豆的数量急剧增加，而伪满进口德国工业品的数量却增幅不大，致使德方的贸易逆差由 1936 年 5 月时的 2800 万马克增至 1937 年 5

月时的 3800 万马克。

这项协定签署前后，南京政府曾通过驻德大使程天放进行多次交涉，外交部也向德国驻华使馆表示，中国对该协定的签订十分遗憾，希望德国政府重申不承认伪满政权的立场。由于当时南京政府迫切需要维持与德国的军事和经济关系，所以没有对德国的此项举措提出正式抗议。1937 年 3 月，德国政府派克诺尔（Karl Knoll）担任驻伪满洲国商务专员。同年 5 月，双方达成协议，将贸易协定延长三年。

德国与伪满贸易协定的签署及延长是德国的远东政策向日本倾斜的结果，是《中德协约》开始以来一直保持中立政策的德国对中国说"不"的开端。它为日后德国正式承认伪满政权奠定了基础，也是中德关系由密变疏直至决裂的一个先期信号。

✐ ② 德日结盟

德国虽然在中国有巨大的经济利益，并同中国保持了 10 余年的友好关系，但德国从遏制苏联，反对共产主义的策略目标出发，在政治上与日本渐趋接近，并最终走上了结盟之路。

早在 1935 年夏，日本驻德国使馆武官大岛浩就同亲日的德国驻英大使里宾特洛甫（Joachim von Ribbentrop）开始了缔约谈判。1936 年初，日本驻德大使武者小路公共与德国外交部频繁接触起来。日本一个民间团体还向希特勒赠献了宝刀。不久即有了两国正在秘密磋商缔结军事同盟的传言。日本是当时中国最凶恶的敌人，中国政府对德日的密谋活动自然极为关注。中国驻德大使程天放就此询问德国外交部的高级官员，他们答称绝无此事，并且强调中德关系建立在平等互惠的基础上，中德贸易前景广阔，德国绝不会为了迁就日本而牺牲与中国的友谊。

同年 11 月，英国记者在《泰晤士报》上发表文章，披露了德日结盟，条约不久即将公布的消息。果不其然，里宾特洛甫和武者小路公共代表各自的政府于 11 月 25 日在柏林签署了《德日反共产国际协定》。协定规定：①两国共同防范共产国际的活动；②如第三国的和平受到共产国际的威胁时，两国将与该国共同采取防范措施，或者邀请该国参加本协定；③协定自签字之日起生效，有效期五年。

中国政府担心该协定会损害中德关系，助长日本的侵华野心，于是通过外交渠道在南京和柏林与德国方面进行了一系列交涉。德日协定公布的当天，蒋介石还通过克兰询问德国国防部长布隆堡（Werner von Blomberg）元帅，国防部对该协定持何态度。布隆堡次日致电蒋介石，说该协定并不针对他国，绝不影响中德之间的友好关系。国防部的此项表态使蒋介石略微放下心来，他最担心的是德国在华军事顾问团的去留和两国间军事及经济方面的合作问题。

驻德大使程天放向布隆堡询问，如果日本方面援引《反共产国际协定》中"两国交换情报"的条款，要求在华德国军事顾问提供中国的政治和军事情报时，德国政府将如何对待。布隆堡说，万一日本提出这种要求，德国方面一定会加以拒绝。得到这样的保证后，蒋介石对德国顾问的担心才完全消除，对他们信赖如故。

3 孔祥熙两次访德

尽管德国方面一再强调德日结盟不影响中德间的友好关系，然而，日本毕竟是中国的头号敌人，中日间的战争不可避免，在这严重关头，德国与日本结成盟国，当然会给中德关系蒙上阴影。中国政府急于弥补德日结盟给中德关系造成的损害，而德国政府也想通过实际行动安抚中国，打消中国的疑虑。这为国民政府行政院副院长兼财政部长孔祥熙访问德国提供了契机。

1937年2月，中国决定派孔祥熙为特使赴伦敦参加英王乔治六世的加冕典礼。德国政府闻讯后，即训令陶德曼邀请孔祥熙顺道访问德国，与高层官员甚至希特勒本人讨论中德关系。3月初，经济部长兼国家银行总裁沙赫特正式向孔祥熙发出访德邀请。

孔祥熙参加完英王乔治六世的加冕典礼后，于6月9日抵达柏林访问。德国方面给予了隆重的接待。柏林工业大学于当天中午授予孔祥熙名誉工程博士学位。在柏林期间，孔祥熙会见了沙赫特、布隆堡、戈林和希特勒等要人，就中德关系和德日同盟等问题广泛交换了意见。双方就军火供应和再派遣顾问来华服务等问题达成了若干谅解。中国政府重申,以国内农矿产品抵偿德国政府供给中国的军火及其他产品。

1937 年 7 月 7 日发生卢沟桥事变,中国的抗日战争正式爆发。当时孔祥熙已到美国,国民政府派他再返欧洲,与英、法、德等国接洽如何援助中国。7 月 23 日,德国驻英大使里宾特洛甫曾建议中国加入《反共产国际协定》,遭到了孔祥熙的拒绝。8 月 10 日,孔祥熙再次抵达柏林,拜访沙赫特、布隆堡等人,询问德国政府对中日战争的立场,谋求德国的支持。沙赫特称,如果中日冲突不演变成正式战争,中德关系会维持不变,如果苏联卷入,情况就会不同。德国担心日本的侵略会使中国倒向苏联和英、美等国,所以采取中立政策,要求双方以政治方式解决冲突。8 月 14 日,孔祥熙在未得到德方明确答复的情况下,怀着怅然的心情离开了柏林。

德国调停中日战争

中日战争的全面爆发使希特勒德国的远东政策面临着两难选择:一方面,德国与日本有政治上的同盟关系,绝不能完全站在中国一边;另一方面,德国与中国又在经济和军事领域保持着密切联系,完全按照日本的要求,与中国断绝一切关系,不符合德国的利益。权衡再三,德国采取了中立政策。

1937 年 7 月下旬,日本驻德大使曾要求德国停止向中国供应军火,并以废除《反共产国际协定》相要挟。德国外交部则反指日本的侵华行动违背了该协定的精神，并以不能迫使中国倒向苏联为由，拒绝了日本的要求。

8月16日，希特勒对中日冲突作了正式表态：他虽然赞成同日本合作的主张，但认为目前德国应保持中立；关于同中国的军火贸易，已经签约的应继续交付，但不再接受新的军火订单。德国外交部长牛赖特（Constantin von Neurath）也曾向日本驻德大使指出：中日冲突如果扩大，结果对双方都不利，徒然替苏联和共产党制造机会。故而，德国不会支持日本在中国的行动。牛赖特向中国驻德大使程天放表示，希望中日双方和平解决冲突，德国对中日双方都很友好，必须采取不偏不倚的中立政策。基于上述立场，牛赖特向日本驻德大使表示，如果英国和美国能在远东发起和平谈判，德国将予以支持。

当时，日本有对国民政府诱降之心，蒋介石也有与日本和谈之意，双方共选德国居中调停。1937年10月22日，应日本参谋本部之请，德国驻日使馆武官欧根·奥特（Eugen Ott）秘密抵达上海，向德国驻华大使陶德曼转交了一份关于停战条件的备忘录。当天，德国外交部也训令陶德曼转告中国政府，德国认为中日直接谈判较为可行，如有可能，德国愿意居中调解。月底，陶德曼会见了蒋介石、汪精卫和外交部次长陈介等人，提出中国应及早与日本达成体面的和平，以争取恢复国力的时间。11月3日，德国外交部长训令陶德曼将日本的议和条件转告蒋介石。5日，陶德曼转达了日本的议和条件：①内蒙古自治，一切体制类似外蒙古；②华北非武装区扩大至平津铁路以南，华北行政权仍属中国中央政府，但须委派一个亲日的首长；③扩大上海的停战区，由国际警察管制；④停止排日；⑤共同防共；⑥降低日本货的进口税；⑦尊重外国人在华的权利。蒋介石当即向陶德曼表示，如果日本不愿恢复七七事变以前的状态，中国绝不接受日本的任何要求；国民政府如果接受这些条件，将会被舆论的浪潮冲倒。这样，陶德曼的第一次调停未获结果。

11月下旬，日本再次请德国出面斡旋，并称原来提出的七项条件不变。这个时候，英、美等国在布鲁塞尔召开的九国公约签字国会议宣告休会，未采取任何制裁日本的措施，蒋介石大失所望，加上上海失守、南京受到威胁，军事形势危急，也有了和谈之念。陶德曼乘此机会，会晤孔祥熙和外交部长王宠惠，重申了日本的议和条件。12月2日，蒋介石召集高级将领讨论和谈之事，决定有条件地接受德国的调停，并强调要保存华北的中国政权。

会后，蒋介石会见了陶德曼，表示愿在维持华北主权和行政权的前提下，以日本的条件为基础进行谈判，并要德国在和谈的全过程中充当调停者。至此，陶德曼似乎看到了中日和解的一点希望之光。

然而当德方把这个信息传给日本时，日本却提高了要价。12月13日，日军占领南京，侵略气焰更加嚣张。12月21日内阁会议所作的《关于日华和平谈判致德国驻日大使复文》提高了谈判价码，新提出四项基本条件：①中国放弃容共和抗击日满政策，与日满两国的防共政策协作；②在必要的地区设立非武装地带，并在区内各个地方设置特殊机构；③在中日满三国间签订密切的经济协定；④中国向日本赔款。

26日，陶德曼在汉口向孔祥熙和宋美龄转达了日方的上述四项条件，要求中国在年内答复。对于这样苛刻的条件，蒋介石等以为不可接受，在12月31日的国防最高会议上，决定暂时不正式答复日方的条件。

德国方面也认为日本的条件过于苛刻，便通过驻日大使狄克逊向日本表示，德、日在反共产国际方面的共同利益，需要中、日早日实现和平，如此则日本应适可而止。日本将要求中国答复的期限推迟至1月15日，并暗示所提条件有可以松动之处。11日，日本御前会议决定，如果南京政府不主动求和，就设法"使之毁灭"。13日，王宠惠向陶德曼表示，中国希望了解四项条件的性质和内容，仔细研究后，再作决定。15日，新任行政院院长孔祥熙告诉陶德曼，中国愿与日本达成"真正谅解"，以在东亚保持持久和平，但希望日本对四项条件作补充说明。

日本认为中国无求和诚意，遂于16日通知狄克逊，日本决定中止和谈。同日，日本政府发表声明，宣布不再以"国民政府为对手"，和谈之门因此关闭。18日，日本召回驻华大使川越茂，中国驻日大使许世英也于20日离开东京返国，德国的调停活动至此宣告失败。

十　两国关系再度中断

1　德国承认伪满政权

中日战争初期，德国虽然保持着中立政策，但中德双方都感受到了战争给中德关系带来的不利影响。随着战争的进行和国际形势的变化，德国"中立"天平上的砝码逐渐倒向了日本一侧。

战争初起时，纳粹分子戈培尔（Josef Gobbles）主导的德国舆论即表现出亲日的倾向，各报报道战争情况时，往往加上对中国不利的标题，对日军在战场上的进展往往作夸大的报道，有时甚至在社论中攻击中国，袒护和支持日本。报纸对日本大使馆的声明照登不误，对中国大使馆的声明则不予刊登。对新闻界这种亲日反华的倾向，驻德大使程天放曾向德国外交部提出抗议。

1937 年 8 月 21 日，中国同苏联签订《中苏互不侵犯条约》，使德国疑心中苏可能结盟。程天放虽然向德国外交部说明中苏间不存在任何秘密协定，但未能消除德方的疑虑。

9 月中旬，德国汉莎航空公司的一架飞机在新疆失踪，德国坚持要派本国飞机前往寻找，因事关中国主权，遭中国婉拒。戈林因此威胁说，德国不惜同中国断交，并停止向中国交付军火。由于失踪飞行员不久生还，两国间才未产生重大纠纷。

10 月，南京政府派蒋百里率代表团访问德国，受到冷遇，双方未达成任何有实际意义的共识。

1938 年 1 月德国调停中日战争的活动失败不久，德国政局发生重大变化，致使德国对华政策发生了根本性的逆转。

1933 年希特勒上台后虽然大量起用纳粹分子，但执掌外交部和国防部的官员却未能更换，保持着相对的独立性。外交部长牛赖特和国防部长布隆堡都很重视中德关系，是中德友好关系的推动者和维护者。牛赖特还直言不讳地反对与日本结盟。他们的主张与做法渐与希特勒的亲日反苏及疏远中国之策发生抵触，希特勒必除之而后快，将这两个方面的权力完全收归己有。机会终于来了：1938 年 1 月，布隆堡与自己的女秘书秘密成婚。女秘书出身寒微，布隆堡此举违背了德国军官不能与出身寒微的女子结婚的传统，引起陆军高级将领不满，纷纷向希特勒告状。希特勒借机改组了国防部和外交部，于 2 月 4 日发布命令：①批准布隆堡的辞职请求，此后不设国防部长，由他亲自总揽海陆空军的指挥权；②牛赖特去职，由里宾特洛甫继任外交部长；③戈林升为元帅。这为希特勒推行其亲日政策扫平了道路。

中日战争爆发后，日本以德日为盟国为由，多次要求德国撤回顾问团、停止向中国输入军火、承认伪满政权等。德国对此一直采取拖延政策。国防部和外交部改组后，希特勒即于2月20日发表演说，宣布正式承认伪满洲国。他说这是为了"尊重现实"。这对中德关系是一个重大的打击。

事前，南京政府已听到风声。2月19日，外交部长王宠惠对陶德曼表示，希望德国即将承认伪满的说法是谣传，德国最好继续保持中立政策。

20日，驻德大使程天放致电南京政府，建议采取强硬立场，召回驻德大使。然而南京政府认为此时还不宜与德国完全决裂，因为中日战争正在紧要关头，所需军火主要来自德国，德国军事顾问团还在发挥重要作用。故而，中国方面除提出抗议外，未采取其他措施，并授意各报不要作过分的谴责。

对于中方的抗议照会，德国外交部复照称，承认伪满只是承认事实，并非对中国有恶意，望中国政府了解，并希望中德友谊继续维持。

然而德国政府并未采取实际行动来继续维持中德友谊，而是循着中德决裂的道路越走越远。

1938年5月12日，德国与伪满双方代表在柏林签署"修好条约"，声称为了奠定双方友好关系的永久基础，双方就此建立外交及领事关系，并开始就通商航海条约进行谈判。7月15日该条约被批准后，希特勒和伪满皇帝溥仪互相致电"庆贺"。1938年9月14日，德国与伪满签订通商航海条约。通过这些条约，德国在伪满洲国确立了仅次于日本的特殊地位。1938年11

月 7 日，伪满第一任驻德公使吕宜文抵柏林就任，日本人加藤日吉出任驻德商务专员。德国第一任驻伪满公使是威廉·瓦格纳（Wilhelm Wagner），克诺尔则被委任为使馆商务专员。

② 德国召回大使和军事顾问

德国正式承认伪满政权后，形势对中国越来越不利。1938 年 3 月 3 日，德国外交部通知中国驻德使馆：德国政府决定在中日战事未停止前，为维持中立计，各军事学校暂时不再接收中国军事学员，原已在学习或训练者，限于 8 月 31 日以前结束。

3 月 11 日，程天放按照南京政府的训令，就德国承认伪满事宜再次向德方提出严正抗议，并希望德国重视中德传统友谊，重新检讨其远东政策。程大使同时就各军校不接纳中国学员一事提出质询，但德外交部官员说这是希特勒的决定，不可挽回。南京政府担心此举是德方撤回顾问团和停运军火的先声，程天放据实以告，希望德国从维护中德关系的角度出发，不要作出中国不愿看到的决定。

然而德国政府已把中德关系看得越来越轻，对日本的要求则愈来愈重视：德国的军火供应和在华军事顾问团一直是日本的一块心病，屡屡要求德国予以改变，德国终于作出了抉择。4 月 28 日，德国外交部通知驻德大使程天放，德国军事顾问继续在华服务有悖于德国的中立政策，有偏袒一方的嫌疑，"故甚愿其离开中国"。程天放答称，军事顾问应聘来华是其私人行为，与德国的中立政策并不相违，故全无必要召回，然而德方对此不以为然。

卢沟桥事变发生后，法尔肯豪森及其属下的德国顾问站在中国一边，积极投身于对日作战。德国政府为堵日本人之口，曾要求德国顾问不要参与战事，但法尔肯豪森却认为，顾问都是以私人身份受雇于中国的，"绝不能置中国朋友的命运于不顾"。

德国政府在有了撤回顾问团的意向后，曾嘱陶德曼询问法尔肯豪森的意见。1938 年 4 月 30 日，法尔肯豪森呈上一份报告，说德国顾问均与中国政府签有合同，绝大部分顾问的合同到 1939 年或 1940 年才到期，合同期满后回国者可得到旅费补助，否则无此优遇。顾问于此时返国不一定找到合适工作，会蒙受更大的经济损失。

5 月初，德国外长里宾特洛甫通知日本政府，德国在华顾问即将全部撤回。5 月 13 日，他又训令陶德曼敦请中国政府解除与顾问之间的合同，其回程旅费及薪金损失将由德国政府承担。5 月 15 日，陶德曼到香港同德国新任驻日大使奥特商议，决定分批撤回德国顾问。然而里宾特洛甫坚持要所有顾问立即返国，说这是希特勒的命令，不能更改。在里宾特洛甫的强令之下，陶德曼于 5 月 23 日正式通知中国政府，德国希望中国准许所有顾问立即返国。蒋介石对德国顾问的工作殊为满意，加上担心顾问返国后会泄漏中国军事机密，故不愿让他们离去。他一面通过外交渠道与德方交涉，一面采取拖延之策，尽量挽留。

5月25日，陶德曼向新闻界发表谈话，披露了德国政府的决定，透过新闻媒介向中方施加压力。蒋介石见不可强留，乃提出变通办法：允许大部分顾问返国，留下五六位顾问做善后工作，德方派法尔肯豪森为驻华军事武官。但德方仍坚持所有顾问一律撤回。6月20日，里宾特洛甫训令陶德曼再与中国进行紧急交涉，并不惜以中断两国关系相威胁。里宾特洛甫还威胁法尔肯豪森和其他顾问，如不遵命返国，即视为"公然叛国"行为，将取消他们的国籍，剥夺公民权，没收财产，并报复他们在德国的亲属。

6月21日，陶德曼向中国外交部次长徐谟呈上措辞更为严厉的声明，声称中国如果在6月23日以前仍不同意顾问离华，德国即召回大使，甚至断绝中德外交关系。在这种情况下，行政院长孔祥熙于6月22日表示同意解除与德国顾问的合同，但未提及他们离华的确切日期。里宾特洛甫认为这是中方有意拖延，即于24日下令召回陶德曼。26日，陶德曼将在华事务交由代办办理，自己离开汉口返国。此后，德国再未向中国派驻大使。蒋介石见此事已无可挽回，只好作出让步。7月2日，蒋介石举行宴会，宴请全体德国顾问，答谢顾问团七年来对中国所作的贡献。7月5日，国民政府备专列将他们从武汉送往广州，让他们取道香港回国。至此，德国顾问团在华的服务工作遂告结束。法尔肯豪森曾打算放弃德国国籍而留在中国，但终因害怕纳粹分子迫害其在德国的亲属，带着十分遗憾的心情离开了中国。斯泰因（Stein）上尉和施托茨纳中尉是犹太人，他们担心返德后会受到迫害，抗命留在了中国。

在对华输出军火方面，德国的政策也由松变紧。中日战争爆发后，日本就拿军售问题一再向德国施加压力。德国驻日本大使狄克逊也多次向德国政府陈述意见，站在日本方面要求尽快停止对华输入军火。然而驻华公使陶德曼从维护中德关系及德国经济利益的角度出发，坚决支持继续对华输入军火。日本曾要求德国召回陶德曼，遭到了牛赖特的拒绝。德国不顾日本的反对，以较为隐蔽的方式（如通过第三国）继续对华输入军火。战争爆发后每月输入中国的数万吨军事物资中，60%以上来自德国。1938年3月，仍有价值3000余万马克的军火被运至中国。希特勒改组国防部和外交部后，迎合日本的要求，收紧了对华输入军火的政策。4月底有消息说希特勒已决定接受日本的要求。5月3日，希特勒访问罗马，与墨索里尼商议加强德、意、日三国合作之事，即在罗马发出密令，禁止将军火运往中国。原已由火车运出的150毫米榴弹炮及一批车辆，在中途被阻。5月9日，蒋介石约见陶德曼，希望德国以双方订有合同为由拒绝日本的要求，以免再伤中国人民的感情。他还告诫说，在意大利等国仍继续向中国提供军火之时，德国中止对华军售合同，将严重损害中德关系。陶德曼解释说，德国的立场受到德日关系的左右，恐难挽回。不过，他对军火禁运令持反对态度，认为此举不但会使德国在华巨大的经济利益蒙受损失，而且在战后中国的经济建设中，德国也将无缘参与。德国国内的一些亲华人士对禁令也有不同意见。经济部和军工署认为，如德国停止向中国输入军火，那么其他国家就会乘虚而入，德国的军火工业会因此蒙受巨大损失。经济部和外交部协商达成了一项秘密谅解：禁运令不包括已经同中国签订的军售合同，合步楼公司仍可接受中国以外汇支付的订货。

然而，里宾特洛甫仍毫不放松，坚持一律停止对华提供军火，而不管是否签有合同。好在戈林下达的禁运令尚有回旋的余地，其立场不像里宾特洛甫那样强硬。中国驻德商务专员谭伯羽四处游说，与德国军工署主任托马斯（Georg Thomas）将军和军火工厂老板积极接洽，商讨应变之策。这些人得益于中国军火贸易，对政府下达的禁运令颇为不满。他们决定置禁运令于不顾，将已签有合同的军火运出德国。德国政府属下的军火出口运输处向中方建议，为避免日本方面获悉后施加外交压力，以后应改用货船装货。但是，德国官方检查也很严，有的军火装运出厂后中途被检查出来遭到扣留，有的则根本不让装运出厂。谭伯羽和托马斯将军协商后，决定借用第三国名义运出军火。原定7月初交付中国的一批军火，就是假装成芬兰订货，避过检查，运至中国的。这批军火计有克虏伯厂150毫米榴弹炮炮弹6000发，470毫米炮弹18000发，毛瑟枪5000支，合步楼公司所订枪弹3700万发及汽车配件和水雷等。

鉴于中德关系日趋恶化，驻德大使程天放屡请引咎辞职，国内也有不少人对他在德国的工作成绩不太满意。6月14日，国民政府行政院正式批准程天放辞职。按程天放之意，德国的亲日疏华政策不会改变，既然已无转机，即不必再派驻大使，所需军火应另找来源，不能单靠德国。虽然此时中国已开始从苏联输入大量军火，但蒋介石仍不愿与德国彻底决裂，所以委派陈介任驻德大使，做一些力所能及的工作，尽量维持中德关系。

1938年9月，陈介抵柏林赴任。德国方面故意冷落陈介，以国书格式有问题为由，拒不接受陈介大使呈递国书，而伪满洲国的大使却受到了热情迎接，并递交了国书。此举根本不符合外交惯例和礼仪，对中国政府实际上是一种侮辱。希特勒一直拖延到12月，才接受了陈介呈递的国书。

3 最后的努力

尽管希特勒和里宾特洛甫等人奉行亲日疏华的政策，但德国仍有许多亲华人士关心中国抗日的命运，为中德保持友好关系多方奔走。

法尔肯豪森归国后，念念不忘中国的抗战大业。1938年底，他和妻子前往巴黎"为中国的事业进行宣传"。他还经常写信给蒋介石和俞大维等人，把自己关于对日作战的一些想法提供给他们做参考。1939年初，他和弗里德里希·威廉·海因茨（Friedrich Wilhelm Heinz）将军拟定了一份中国对日作战的总计划。1940

年 6 月 23 日，他写信给柏林的谭伯羽，表达了对中国命运的关切之情：

> 宜昌落入敌手了吗？这虽然令人惋惜，但并不具有决定性的意义。法国人在印度支那屈从日本人的压力，令人遗憾，但仍然是可以承受的。我希望形势不久会更明朗些。这些时日对整个世界形势而言也许具有重大的历史意义。对你们的事业，我仍然抱乐观态度。

1940 年 10 月 29 日，法尔肯豪森写信给中国驻德大使陈介：

> 听到来自中国的好消息，我很高兴。最新消息证实了我一贯持有的观点。只要再坚持一段时间，我们就会取得胜利。甚至滇缅公路上的运输被堵塞也不能改变这一点。

德国国内的部分舆论也持反对日本的立场，以前参与中德贸易的部分人士积极活动，希望把两国贸易恢复到原来的水平。在华投资的主要企业（如伊格颜料公司和沃尔夫公司等）仍在为中德文化交流组织提供经费。受禁运令限制，中国向容克飞机制造公司订购的飞机无法交货，该公司拟向中国归还预付之款，但戈林不许，说"归还货款就是支持蒋介石！"尽管如此，德国经济部长冯克（Walter Funk）还是悄悄地通过德华银行把这笔款子还给了中国。

对中德易货贸易贡献良多的汉斯·克兰再次来到中国，建议创办一家中德进出口银行，并让其他对中国友好的国家参加。虽然这项建议未付诸实施，但他仍在为中德贸易尽力。

合步楼公司的对华业务也有所恢复。1937 年秋，原属经济部的合步楼公司被戈林的"四年计划局"控制，对华贸易受到纳粹党亲日政策的影响较大。

1938 年夏，合步楼公司的全权代表佛德（Forde）博士来华与国民政府官员秘密磋商合作事宜。10 月初，他和孔祥熙在重庆达成如下口头协议：

（1）确认《中德易货协定》及信贷合同继续有效，有效期暂定为 1 年。

（2）德国向中国提供军械及弹药除外的各军事工厂所用的一切材料、半成品和汽车等。

（3）德国向中国提供 1 亿马克贷款，年息 5 厘；中国无须任何担保即可在德国订购 2000 万马克的货物。

（4）中国每月向德国提供价值 800 万元法币的原料，1 年内向德国提供 7000 万马克的原料，其中须有 50% 的钨、锡和锑等矿产原料。

该月，合步楼公司摆脱戈林的掌握，复归经济部管辖。佛德与孔祥熙达成的协议得到德国政府的同意，于是中德双方 10 月 19 日在重庆正式签订了新的易货协定，其主要内容与口头协议相同，只是把每月的易货额定为 1000 万元法币（合 750 万马克）。

此后，德国的军火又开始大量输入中国。合步楼公司驻香港的代表路德维希·威尔纳（Ludwig Werner）与中国一家官办公司合作，经广州（后来经越南海防）将军火运入中国。

1939年4月13日，里宾特洛甫下令停止运送军火。但是经济部长冯克认为输出军火给中国符合德国的利益，因为德国需要中国的原料。他还告诉里宾特洛甫，那天就有价值30万马克的原料装船待运，所以他请里宾特洛甫给予"谅解"。里宾特洛甫只得作出让步，允许德国的军事设备以散件形式运入中国后再行装配。

这个阶段，德国和日本的关系出现波折，主要原因是：①日本陷于中国战场难以抽身，明确表示不能出兵西伯里亚进攻苏联，使希特勒德国大失所望。反苏、反共产国际是德、日结盟的主要目的，日本不能进攻苏联，使结盟的意义大打折扣。②在日本占领的华北和东北，德国在经济上没捞到任何好处。相反，由于日本的各种限制，德国在这些地区的经济和贸易机会反而不如从前了。1937年，德国产品占华北地区进口总额的18%，但到1939年下降到了6%。连希特勒也不满地说，自1938年8月以来，日本从未与德国无条件地合作过。

1939年8月，希特勒与苏联签订《苏德互不侵犯条约》，使日本颇为恼火，宣布无限期推迟实施德日双方于7月28日达成的关于华北地区的易货贸易合同。这使德国方面更为不快。德国在解除了东部来自苏联的压力之后，于9月1日进攻波兰，挑起大战，致力于对付英、法等国，对日本的期望值变小。正是在这种背景下，中德关系有所改善。德国在昆明建立了领事馆，负责接收从越南和缅甸输入的德国产品。为了不使中国发表公开声明支持英、法，谴责德国，德国外交部向中国驻德大使陈介表示，德国希望改善同中国的关系，并在战争结束后扩大经济合作。德国驻华代办毕德也转达了同样的信息。

1939 年 11 月，孔祥熙向毕德提议两国签订一项扩大德国军火与中国钨砂交换额的协定。对中国方面来说，当时的军火工业非常落后，钨砂的利用率低，如能利用钨砂换回战场急需的军火，于抗日战争大为有利。孔祥熙甚至表示，可将原定供应苏联的钨砂拨出一部分提供给德国。对这个建议，毕德和德国政府内的部分亲华人士颇为赞同，但亲日的外交部长里宾特洛甫不以为然，横加干涉，使协定未能签成。据说里宾特洛甫一直在收受日本方面的贿赂，处处为日本说话。他是德国亲日疏华政策的主要推动者。

合步楼公司与中国的贸易也在进行。到 1940 年 5 月，中国在该公司还有价值 9900 万马克的订货（包括潜艇）。

1940 年 4 月至 6 月，德军侵占了丹麦、挪威、荷兰、比利时、卢森堡和法国。德军在欧洲的胜利使蒋介石对德国产生了政治和外交方面的期望，认为这将更有利于德国出面解决远东问题，使远东实现和平。

重庆方面于 7 月初致电驻德大使陈介，要他拟定出与德国增进关系的具体办法。陈介建议先与德方商洽经济合作问题，改善双边关系，然后派代表团互访，并签订修好条约。等两国关系理顺后，德国再派遣大使来华，实现两国关系完全正常化。陈介通过在柏林开展活动，知悉戈林、军工署的托马斯将军和经济部的官员都有与中国修好之意，只有里宾特洛甫没有明确表示态度。

7月7日，朱家骅也致函德国武装部队总司令凯特尔（Wilhelm Keitel）元帅，就德军在欧洲的胜利向他表示祝贺。朱在信中还呼吁德国在欧洲实现和平以后把注意力再次转至远东。他说日本绝对不可能打败中国，也不会对德国有任何帮助。德国现在应该通过外交手段帮助中国，才能使德国在战后中国的重建中占据重要位置。蒋介石政府还产生了再次让德国调停中日战争的打算。

然而，中德关系出现的回暖迹象很快被德日等国侵略扩张的寒流冲散了。为了加强政治和军事合作，达到称霸世界的目的，德国、日本和意大利三国外长于1940年9月27日在柏林签署了《德意日三国同盟条约》，主要内容为：日本承认德、意在"建设欧洲新秩序"中的领导地位；德、意承认并尊重日本在"建设大东亚新秩序"中的领导地位；三国中任何一国在遭到未参加欧洲战争及中日战争的"第三国"攻击时，"应以一切政治、经济和军事手段相援助"；本条约不影响三国各自与苏联的现存政治关系。

这个盟约无异于公开承认日本侵略中国的行径合理、合法，是对中国抗战的一个重大打击。蒋介石政府对此极为重视，于9月29日分别向德国和意大利政府致送照会，提出严重抗议，谴责两国无视国际公法和国际平等原则，助长日本对华侵略，并指出如该盟约使中国受到损害时，中国方面有权采取适当行动。

11月11日，里宾特洛甫打着调停中日战争的旗号，要求中国答应日本的条件，向日本妥协求和。11月21日，蒋介石答复说，议和须以日本军队全部撤出中国为前提条件，并说如果中国完全被日本独占，对德国不会有好处，而如果中国的独立和主权仍能维持下去，"则将来德国对华之经济发展，自属无可限量"，德国应"审慎考虑"远东政策。德国方面把蒋介石的答复视为拒绝与日本议和，遂收起调停之念，彻底放弃了改善中德关系的努力。这个阶段，由于日本侵略扩张政策不断升级，美国和日本的矛盾日益尖锐，美国政府已改变抗战初期那种谨慎的对华政策，开始向中国提供大量援助。中国方面在得到苏、美两个大国的同情和支持后，对德国军火的依赖性有所下降，改善中德关系的愿望也就不那么迫切了。

4　中国对德绝交与宣战

日本为了推行其"南进"的侵略政策，决定完全放弃与中国议和的努力，在中国战场上转入持久战，抓住时机向南洋扩张，以建立所谓"大东亚共荣圈"。11月30日，日本与南京的汪精卫伪政权签订了《日本与中华民国间基本关系条约》及一系列附件。同日，又发表了《日满华共同宣言》，正式承认了汪伪政权，在中国战场上转入"长期持久战体制"。

汪精卫原是国民党副总裁、国民参政会议长。他于 1938 年 12 月逃离重庆，公开投靠日本，当了汉奸。1939 年 8 月，他在上海召开伪国民党六大，出任"国民党中央主席"，另行选举了中央执监委员，设立了中央党部。9 月，汪精卫集团在日本侵略者的扶持下开始筹建"中央政府"。

蒋介石对汪伪集团的活动极为重视，通过各种渠道竭力消除他们在国际上和国内的影响。为收未雨绸缪之效，国民党政府在 10 月 10 日即发表特别声明，指出国民政府为中国唯一合法政府，"对内公布法令，对外缔结条约，主权完整，不容破坏"，如有汉奸集团以政府名义擅自发布文告，与任何国家订立条约等，国民政府"概不承认"。10 月 13 日，外交部将宣言内容正式转达各国驻重庆使馆，并强调指出，如果任何一个国家对伪组织"予以承认，中国政府及人民，即不得不视为非友好行为"。

然而意大利无视中国政府的告诫，宣布等汪精卫伪政权成立之后，意大利将予以承认。蒋介石担心德国会步意大利后尘，即训令中国驻德使馆询问德国的态度。德方回复说，尚无此种打算。

1940 年 3 月 30 日，汪精卫傀儡政权在日本一手扶持下正式在南京宣布成立。当天，重庆国民政府立即照会各国，要求各国政府认清汪伪傀儡政权的本质，不要对其作法律上和事实上的承认，并告诫说，承认汪伪政权是违背国际公法与条约的行为，是对中华民族最不友好的举措，"承认者应负因是所发生后果之全责"。

　　由于汪伪政权的主要策动者日本没有立即在外交上给予这个傀儡政权正式承认，所以德国和意大利也采取了观望态度。日本欲借汪伪政权向蒋介石施加压力，诱使蒋介石求和投降，即"诱导重庆政府放弃它的抗战主义而转向全面的和平主义"。但事与愿违，诱降工作久无成效，日本方面不得不放弃努力，于11月正式承认了汪伪政权。

　　1941年6月22日，希特勒以强大的兵力对苏联发动闪电战，苏德战争爆发。为了得到日本在远东的配合，争取日本从西伯利亚进攻苏联，德国考虑承认日本一手扶持起来的汪伪政权。在德国外交部，除里宾特洛甫以外，其他人员均反对这一举措，主张继续与蒋介石的重庆政府保持友好关系。军工署的托马斯将军对这项决定反对最有力，找戈林和凯特尔元帅陈述利害，说服了这两个要人。戈林和凯特尔于6月29日面见希特勒，要求重新评估德国的远东政策，但希特勒说他的决定无可更改。

　　7月1日，德国政府正式宣布承认汪伪政权，走上了完全与中国人民为敌的道路。因三国同盟关系，意大利也于同日宣布承认汪伪政权。

　　7月2日，中国政府在重庆发布宣言，断绝了与德国及意大利的外交关系：

　　　　德意两国政府竟已承认南京伪组织，是其侵略政策显已推及远东，且又充分证明纳粹德国与法西斯意大利已与中国之敌人同恶相济。该两国政府明知南京伪组织为日本军阀一手造成，乃竟加以承认，实为加于中国之重大侮辱，且不惜自弃其所享中国政府与人民之一切友谊。

中国政府对于任何国家承认伪组织之举，早经一再声明态度，兹特正式宣告，中国与德意二国断绝外交关系。

20 世纪发生两次世界大战，中德关系两度中断，在中国外交史上堪称异数。7 月 10 日，陈介大使和使馆工作人员离开了柏林。中国大使馆被盖世太保查封，只留几个德国佣工看门守院。中国未委托中立国代表中国在德利益，中国公民在德就失去了使领馆的保护。仅据外交部 1943 年档案，有时候由土耳其代表中国在德利益。

1941 年 11 月 25 日，汪伪政权加入德、意、日三国签订的《德意日三国同盟条约》，希特勒和汪精卫互相致电祝贺，双方的勾结进一步加强。

1941 年 12 月 7 日，日军偷袭珍珠港，太平洋战争爆发。第二天，美国、英国和荷兰对日宣战。9 日，中国政府正式对日宣战，并对德、意宣战，宣战书以国民政府主席林森的名义发布：

自去年 9 月德、意与日本订立三国同盟以来，三国显然成一侵略集团，德意两国始则承认伪满，继复承认南京伪组织，中国政府业经正式宣布与该两国断绝外交关系。最近德、意与日本竟扩大其侵略行动，破坏全太平洋之和平，此实为国际正义之蟊贼，人类文明之公敌，中国政府与人民对此碍难再予容忍，兹正式宣布自中华民国三十年十二月九日十二时起，中国对德意志、意大利两国立于战争地位，所有一切条约、协定、合同有涉及中德或中意间关系者，一律废止。特此布告。

1942 年 1 月 1 日，中、美、苏、英等 26 国签署的《联合国家宣言》发表，国际反法西斯统一战线正式形成。在此后的抗战岁月里，中国从美国获得了大量的军事和经济援助，大大超过了中德关系断绝后失去的军火供应量。相反，德国方面损失极大。中德断交时戈林估计德国可能因此损失 1 亿马克的军火交易。此外，德国还损失了 4 亿马克的在华投资。中国不再向德国出口钨砂等战略原料，使德国失去了一个重要的原料来源。

1942 年 1 月 19 日，德、意驻汪伪当局"大使"向汪精卫递交了国书。汪精卫分别发表对德、意两国的声明，表示愿与德、意、日法西斯一起，共同反共，建设"世界新秩序"。1942 年夏，汪伪当局在柏林开设"使馆"，汪伪政府要员王揖唐之子王德炎从马德里抵达柏林，出任汪伪当局驻柏林"领事"。1942 年夏至 1945 年 4 月的三年当中，王实际上没有与德国政府进行过政治接触，因为他作为汪伪当局的代表，毫无地位可言。许多中国留学生拒绝与他来往，拒绝把重庆国民政府颁发的护照换成汪伪当局的"护照"，尽管王向每位更改护照的留学生每月提供400马克的助学金。战争结束后，王揖唐以汉奸罪被处死。其子前往马德里，没有回国。

中、美、苏、英等联合国家经过4年多艰苦卓绝的奋斗，终于赢得了世界反法西斯战争的伟大胜利。1945年5月8日，德国宣布无条件投降，苏、美、英、法四国军队共同占领了德国及其首都柏林。8月6日，美国向日本广岛投掷了第一颗原子弹。8月8日，苏联出兵我国东北，给日本关东军以毁灭性的打击。9日，美国在日本长崎投下第二颗原子弹。15日，日本天皇宣读诏书，宣布日本无条件投降，日本扶持下的伪满洲国和汪精卫伪政权土崩瓦解，与德国的关系自然终结。

苏、美、英、法四国占领德国后，组建了军事管制机构，并邀请中国等15个与法西斯作战的国家派军事代表团参与管制委员会的工作。

1946年1月，国民党政府派以海军总司令桂永清为团长的军事代表团赴柏林，以战胜国代表的身份接收了原中国驻德大使馆。代表团还调查了在德华侨的情况。1939年8月德国入侵波兰前，在德国共有大约200名中国留学生和800名商人。当时中国驻德使馆要求他们尽快离开德国，约30名留学生离德他去，但多数人留了下来。1946年据桂永清代表团调查统计，因战争而伤亡的中国人不超过13人，遭受财产损失的有

222 人。由于中德没有直接交战，华侨在德国没有受到苛刻的待遇。

代表团经与英国占领军协商，在汉堡恢复了中国领事馆，还在斯图加特新设了总领事馆。然而，由于德国和中国的内政都发生了巨大的变化，国民党政府没有来得及与德国恢复外交关系。

1949 年 10 月 1 日中华人民共和国成立以后，中国与德国的关系进入了一个新的时期。

参考书目

1. 〔德〕施丢克尔著，乔松译《十九世纪的德国与中国》，三联书店，1963。

2. 王守中著《德国侵略山东史》，人民出版社，1988。

3. 丁名楠等著《帝国主义侵华史》第一、二卷，人民出版社，1973，1986。

4. 孙瑞芹译《德国外交文件有关中国交涉史料》第1～3卷，商务印书馆，1960。

5. 中国第一历史档案馆编《德国侵占胶州湾史料选编（1897～1898）》，山东人民出版社，1987。

6. 谢显益主编《中国外交史——中华人民共和国时期（1949～1979）》，河南人民出版社，1988。

7. 韩念龙主编《当代中国外交》，中国社会科学出版社，1988。

8. 吴景平著《从胶澳被占到科尔访华——中德关系（1861～1992）》，福建人民出版社，1993。

9. 中华人民共和国外交部外交史研究室编著《中国外交概览》，世界知识出版社，1992～1995。

10. 中华人民共和国外交部政策研究室著《中国外交》，世界知识出版社，1996～1997。

《中国史话》总目录

系列名	序号	书名	作者
物质文明系列（10种）	1	农业科技史话	李根蟠
	2	水利史话	郭松义
	3	蚕桑丝绸史话	刘克祥
	4	棉麻纺织史话	刘克祥
	5	火器史话	王育成
	6	造纸史话	张大伟　曹江红
	7	印刷史话	罗仲辉
	8	矿冶史话	唐际根
	9	医学史话	朱建平　黄　健
	10	计量史话	关增建
物化历史系列（28种）	11	长江史话	卫家雄　华林甫
	12	黄河史话	辛德勇
	13	运河史话	付崇兰
	14	长城史话	叶小燕
	15	城市史话	付崇兰
	16	七大古都史话	李遇春　陈良伟
	17	民居建筑史话	白云翔
	18	宫殿建筑史话	杨鸿勋
	19	故宫史话	姜舜源

系列名	序号	书名	作者	
	20	园林史话	杨鸿勋	
	21	圆明园史话	吴伯娅	
	22	石窟寺史话	常　青	
	23	古塔史话	刘祚臣	
	24	寺观史话	陈可畏	
	25	陵寝史话	刘庆柱	李毓芳
	26	敦煌史话	杨宝玉	
	27	孔庙史话	曲英杰	
物化历史系列（28种）	28	甲骨文史话	张利军	
	29	金文史话	杜　勇	周宝宏
	30	石器史话	李宗山	
	31	石刻史话	赵　超	
	32	古玉史话	卢兆荫	
	33	青铜器史话	曹淑琴	殷玮璋
	34	简牍史话	王子今	赵宠亮
	35	陶瓷史话	谢端琚	马文宽
	36	玻璃器史话	安家瑶	
	37	家具史话	李宗山	
	38	文房四宝史话	李雪梅	安久亮

系列名	序号	书名	作者
制度、名物与史事沿革系列（20种）	39	中国早期国家史话	王　和
	40	中华民族史话	陈琳国　陈　群
	41	官制史话	谢保成
	42	宰相史话	刘晖春
	43	监察史话	王　正
	44	科举史话	李尚英
	45	状元史话	宋元强
	46	学校史话	樊克政
	47	书院史话	樊克政
	48	赋役制度史话	徐东升
	49	军制史话	刘昭祥　王晓卫
	50	兵器史话	杨　毅　杨　泓
	51	名战史话	黄朴民
	52	屯田史话	张印栋
	53	商业史话	吴　慧
	54	货币史话	刘精诚　李祖德
	55	宫廷政治史话	任士英
	56	变法史话	王子今
	57	和亲史话	宋　超
	58	海疆开发史话	安　京

系列名	序号	书　名	作　者
交通与交流系列（13种）	59	丝绸之路史话	孟凡人
	60	海上丝路史话	杜　瑜
	61	漕运史话	江太新　苏金玉
	62	驿道史话	王子今
	63	旅行史话	黄石林
	64	航海史话	王　杰　李宝民　王　莉
	65	交通工具史话	郑若葵
	66	中西交流史话	张国刚
	67	满汉文化交流史话	定宜庄
	68	汉藏文化交流史话	刘　忠
	69	蒙藏文化交流史话	丁守璞　杨恩洪
	70	中日文化交流史话	冯佐哲
	71	中国阿拉伯文化交流史话	宋　岘
思想学术系列（21种）	72	文明起源史话	杜金鹏　焦天龙
	73	汉字史话	郭小武
	74	天文学史话	冯　时
	75	地理学史话	杜　瑜
	76	儒家史话	孙开泰
	77	法家史话	孙开泰
	78	兵家史话	王晓卫

系列名	序号	书名	作者
思想学术系列（21种）	79	玄学史话	张齐明
	80	道教史话	王卡
	81	佛教史话	魏道儒
	82	中国基督教史话	王美秀
	83	民间信仰史话	侯杰 王小蕾
	84	训诂学史话	周信炎
	85	帛书史话	陈松长
	86	四书五经史话	黄鸿春
	87	史学史话	谢保成
	88	哲学史话	谷方
	89	方志史话	卫家雄
	90	考古学史话	朱乃诚
	91	物理学史话	王冰
	92	地图史话	朱玲玲
文学艺术系列（8种）	93	书法史话	朱守道
	94	绘画史话	李福顺
	95	诗歌史话	陶文鹏
	96	散文史话	郑永晓
	97	音韵史话	张惠英
	98	戏曲史话	王卫民
	99	小说史话	周中明 吴家荣
	100	杂技史话	崔乐泉

系列名	序 号	书 名	作 者
社会风俗系列（13种）	101	宗族史话	冯尔康　阎爱民
	102	家庭史话	张国刚
	103	婚姻史话	张　涛　项永琴
	104	礼俗史话	王贵民
	105	节俗史话	韩养民　郭兴文
	106	饮食史话	王仁湘
	107	饮茶史话	王仁湘　杨焕新
	108	饮酒史话	袁立泽
	109	服饰史话	赵连赏
	110	体育史话	崔乐泉
	111	养生史话	罗时铭
	112	收藏史话	李雪梅
	113	丧葬史话	张捷夫
近代政治史系列（28种）	114	鸦片战争史话	朱谐汉
	115	太平天国史话	张远鹏
	116	洋务运动史话	丁贤俊
	117	甲午战争史话	寇　伟
	118	戊戌维新运动史话	刘悦斌
	119	义和团史话	卞修跃
	120	辛亥革命史话	张海鹏　邓红洲

系列名	序号	书名	作者	
近代政治史系列（28种）	121	五四运动史话	常丕军	
	122	北洋政府史话	潘 荣	魏又行
	123	国民政府史话	郑则民	
	124	十年内战史话	贾 维	
	125	中华苏维埃史话	杨丽琼	刘 强
	126	西安事变史话	李义彬	
	127	抗日战争史话	荣维木	
	128	陕甘宁边区政府史话	刘东社	刘全娥
	129	解放战争史话	朱宗震	汪朝光
	130	革命根据地史话	马洪武	王明生
	131	中国人民解放军史话	荣维木	
	132	宪政史话	徐辉琪	傅建成
	133	工人运动史话	唐玉良	高爱娣
	134	农民运动史话	方之光	龚 云
	135	青年运动史话	郭贵儒	
	136	妇女运动史话	刘 红	刘光永
	137	土地改革史话	董志凯	陈廷煊
	138	买办史话	潘君祥	顾柏荣
	139	四大家族史话	江绍贞	
	140	汪伪政权史话	闻少华	
	141	伪满洲国史话	齐福霖	

系列名	序号	书　名	作者
近代经济生活系列（17种）	142	人口史话	姜　涛
	143	禁烟史话	王宏斌
	144	海关史话	陈霞飞　蔡渭洲
	145	铁路史话	龚　云
	146	矿业史话	纪　辛
	147	航运史话	张后铨
	148	邮政史话	修晓波
	149	金融史话	陈争平
	150	通货膨胀史话	郑起东
	151	外债史话	陈争平
	152	商会史话	虞和平
	153	农业改进史话	章　楷
	154	民族工业发展史话	徐建生
	155	灾荒史话	刘仰东　夏明方
	156	流民史话	池子华
	157	秘密社会史话	刘才赋
	158	旗人史话	刘小萌
近代中外关系系列（13种）	159	西洋器物传入中国史话	隋元芬
	160	中外不平等条约史话	李育民
	161	开埠史话	杜　语
	162	教案史话	夏春涛
	163	中英关系史话	孙　庆
	164	中法关系史话	葛夫平

系列名	序号	书　名	作　者
近代中外关系系列（13种）	165	中德关系史话	杜继东
	166	中日关系史话	王建朗
	167	中美关系史话	陶文钊
	168	中俄关系史话	薛衔天
	169	中苏关系史话	黄纪莲
	170	华侨史话	陈　民　任贵祥
	171	华工史话	董丛林
近代精神文化系列（18种）	172	政治思想史话	朱志敏
	173	伦理道德史话	马　勇
	174	启蒙思潮史话	彭平一
	175	三民主义史话	贺　渊
	176	社会主义思潮史话	张　武　张艳国　喻承久
	177	无政府主义思潮史话	汤庭芬
	178	教育史话	朱从兵
	179	大学史话	金以林
	180	留学史话	刘志强　张学继
	181	法制史话	李　力
	182	报刊史话	李仲明
	183	出版史话	刘俐娜
	184	科学技术史话	姜　超

系列名	序号	书　名	作　者
近代精神文化系列（18种）	185	翻译史话	王晓丹
	186	美术史话	龚产兴
	187	音乐史话	梁茂春
	188	电影史话	孙立峰
	189	话剧史话	梁淑安
近代区域文化系列（一种）	190	北京史话	果鸿孝
	191	上海史话	马学强　宋钻友
	192	天津史话	罗澍伟
	193	广州史话	张　苹　张　磊
	194	武汉史话	皮明庥　郑自来
	195	重庆史话	隗瀛涛　沈松平
	196	新疆史话	王建民
	197	西藏史话	徐志民
	198	香港史话	刘蜀永
	199	澳门史话	邓开颂　陆晓敏　杨仁飞
	200	台湾史话	程朝云

《中国史话》主要编辑
出版发行人

总 策 划	谢寿光	王 正	
执行策划	杨 群	徐思彦	宋月华
	梁艳玲	刘晖春	张国春
统 筹	黄 丹	宋淑洁	
设计总监	孙元明		
市场推广	蔡继辉	刘德顺	李丽丽
责任印制	岳 阳		